維摩詰經變（局部）　敦煌莫高窟第一〇三窟東壁南側

陳引馳
林曉光　注譯

新譯維摩詰經

三民書局　印行

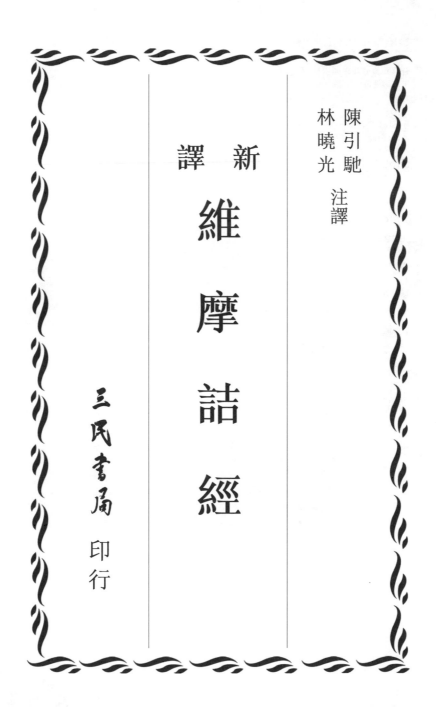

國家圖書館出版品預行編目資料

新譯維摩詰經／陳引馳,林曉光注譯.——初版九刷.
——臺北市：三民，2021
面； 公分.——(古籍今注新譯叢書)

ISBN 978-957-14-4114-6 （平裝）
1. 經集部

221.72 93015655

古籍今注新譯叢書

新譯維摩詰經

注譯者 陳引馳 林曉光
發行人 劉振強
出版者 三民書局股份有限公司
地址 臺北市復興北路 386 號 (復北門市)
臺北市重慶南路一段 61 號 (重南門市)
電話 (02)25006600
網址 三民網路書店 https://www.sanmin.com.tw

出版日期 初版一刷 2005 年 1 月
初版九刷 2021 年 10 月
書籍編號 S032630
ISBN 978-957-14-4114-6

刊印古籍今注新譯叢書緣起

劉振強

人類歷史發展，每至偏執一端，往而不返的關頭，總有一股新興的反本運動繼起，要求回顧過往的源頭，從中汲取新生的創造力量。孔子所謂的述而不作，溫故知新，以及西方文藝復興所強調的再生精神，都體現了創造源頭這股日新不竭的力量。古典之所以重要，古籍之所以不可不讀，正在這層尋本與啟示的意義上。處於現代世界而倡言讀古書，並不是迷信傳統，更不是故步自封；而是當我們愈懂得聆聽來自根源的聲音，我們就愈懂得如何向歷史追問，也就愈能夠清醒正對當世的苦厄。要擴大心量，冥契古今心靈，會通宇宙精神，不能不由學會讀古書這一層根本的工夫做起。

基於這樣的想法，本局自草創以來，即懷著注譯傳統重要典籍的理想，由第一部的四書做起，希望藉由文字障礙的掃除，幫助有心的讀者，打開禁錮於古老話語中的豐沛寶藏。我們工作的原則是「兼取諸家，直注明解」。一方面熔鑄眾說，擇善而從；一方面也力求明白可喻，達到學術普及化的要求。叢書自陸續出刊以來，頗受各界的喜愛，使我們得到很大的鼓勵，也有信心繼續推廣這項工作。隨著海峽兩岸的交流，我們注譯的成員，也由臺灣各大學的教授，擴及大陸各有專長的學者。陣容的充實，使我們有更多的資源，整理更多樣化的古籍。兼採經、史、子、集四部的要典，重拾對通才器識的重視，將是我們進一步工作的目標。

古籍的注譯，固然是一件繁難的工作，但其實也只是整個工作的開端而已，最後的完成與意義的賦予，全賴讀者的閱讀與自得自證。我們期望這項工作能有助於為世界文化的未來匯流，注入一股源頭活水；也希望各界博雅君子不吝指正，讓我們的步伐能夠更堅穩地走下去。

新譯維摩詰經　目次

刊印古籍今注新譯叢書緣起

導讀

卷上

佛國品第一……一

方便品第二……二九

弟子品第三……四〇

菩薩品第四……六七

卷中

文殊師利問疾品第五……八七
不思議品第六……一〇七
觀眾生品第七……一二〇
佛道品第八……一三九
入不二法門品第九……一五七

卷下

香積佛品第十……一七一
菩薩行品第十一……一八六
見阿閦佛品第十二……二〇二
法供養品第十三……二一三
囑累品第十四……二二四

導讀

一、《維摩詰經》的漢譯本情況

通常所謂的《維摩詰經》，按照鳩摩羅什的譯本，全名作《維摩詰所說不可思議解脫經》。它在中國佛教發展的歷史上，是一部地位重要的佛經。從東漢至唐，見諸著錄的先後共有七譯，分別為東漢桓、靈時嚴佛調所譯《古維摩經》，三國時東吳支謙譯《佛說維摩詰經》，西晉竺叔蘭譯《異維摩詰經》，竺法護譯《維摩詰所說法門經》，東晉祇多蜜譯《維摩詰經》，後秦鳩摩羅什譯《維摩詰所說經》，及唐玄奘譯《說無垢稱經》。其中嚴佛調、竺叔蘭、竺法護、祇多蜜諸本都已佚失，留存至今的只有支謙、羅什、玄奘三本。

就現存三種譯本而言，各有其特色和歷史地位。支謙譯本譯出年代最早，文字最為簡古質樸，字數也最少，僅三萬字不到。我們將它對照鳩摩羅什和玄奘的本子勘讀，可知其有相當多的刪略之處（當然，這也可能是所據的原本即較為簡單的緣故）。但支謙的佛經翻譯，部分地引入漢地固有的概念術語，改變了此前佛經譯家拘泥於生硬音譯的狀況，顯得流暢文雅，易於接受，因此在一段相當長的時期內，他的《維摩詰經》譯本廣泛流傳，頗有影響，也成為後來諸譯本的基礎。但隨著佛教在中國的深入發展，人們逐漸不滿足於對佛經的膚淺接納，而希望更深入準確地理解佛理，此時支謙譯本宣達佛理晦澀曲折的弊病便受到攻擊，從而產生鳩摩羅什的新譯本。鳩摩羅什譯本對支謙譯本的晦澀之病有所糾正，補充了一些缺譯的部分，字數增至三萬三千餘字。由於鳩摩羅什譯本既重視佛理的確當傳達，又強調譯文的優美且貼近原文，因而文辭雅致而流利易誦，很快便取代支譯等以前的諸譯而成為通行的本子。時至今日，鳩摩羅什所譯的《維摩詰所說經》仍然是該經最為著名，流傳最廣的代表譯本。到唐代，著名高僧玄奘西行印度求法，帶回大量的佛典，也重譯了這部經書，名為《說無垢稱經》。由於玄奘曾在印度佛教中心那爛陀寺學習多年，他本人又精通梵文，以一種精確直譯的態度進行翻譯，他的譯本在現存三種本子中實際上最為精密全面，字數比前兩種多得多，達四萬五千餘字。但因為他傾力於義理的準確而相對忽略了語言的流暢，在表達上便不如羅什譯本的句式整齊，音調鏗鏘，詞句優美，這也許是他的譯本未能取代羅什譯本的原因。

這裡對譯者情況作一簡單介紹。鳩摩羅什（西元三四三—四一三年），其先本天竺（印度）人，生於西域的龜茲，以後的活動範圍也大抵在西域一帶。他幼年出家修習部派佛學，十餘歲時轉而信奉大乘，在青年時代就成為西域著名的大乘法師。《高僧傳・鳩摩羅什傳》

說他「道流西域，名被東川」，盛名甚至傳揚漢地。當時中國正是東晉十六國時代，雄據關中的前秦霸主苻堅，經名僧道安法師的宣揚，在西元三八二年派遣大將呂光西伐龜茲，求取鳩摩羅什。西元三八四年，羅什被呂光挾持至涼州，但此期間前秦與東晉發生了著名的淝水之戰，苻堅大敗，不久死去，於是呂光留占涼州，建立後涼，羅什也被迫留在涼州十七年之久。西元四〇一年，後秦姚興攻破後涼，羅什被迎至長安，開始了他在中土的譯經弘法生涯。羅什在後秦地位尊榮，被姚興奉為國師，廣收門徒，影響極大，成為五世紀北方佛教史上的關鍵人物。他的佛經翻譯活動一直持續到西元四一三年去世之時，所譯經典如《妙法蓮華經》、《金剛經》、《阿彌陀經》、《大智度論》、《百論》、《中論》、《十二門論》、《成實論》等，繁富而重要；其中，《維摩詰所說經》譯於後秦弘始八年（西元四〇六年）。鳩摩羅什的弟子僧肇，參與了《維摩詰所說經》的翻譯和注釋工作，他在〈注維摩詰經序〉中寫道：「（姚興）恨支、竺所出，理滯于文。常恐玄宗墜于譯人……請羅什法師重譯正本。什以高世之量，冥心真境，既盡環中，又善方言。時手執梵文，口自宣譯。道俗虔虔，一言三復。陶冶精求，務存聖意。其文約而詣，其旨婉而彰。微遠之言，于茲顯然矣。」由此可以看出鳩摩羅什新譯《維摩詰經》之原委及新譯的長處。鳩摩羅什本人是著名的大乘高僧，譯經時又有大批深通中原文化的弟子襄助，口授筆傳，因此能夠成此一部千古流傳的經典，並非偶然幸致。

色的一部經典。

二、《維摩詰經》的內容和思想

《維摩詰經》產生於西元二、三世紀的早期大乘佛教興起時期，在大乘佛經中是極具特色的一部經典。

胡適先生在他的《白話文學史》上卷中討論佛經翻譯文學時曾說「《維摩詰經》本是一部小說」，又稱它是「半小說半戲劇的作品」，這確實是有相當道理的說法，《維摩詰經》的故事性頗強，引人入勝，即使說是一本優秀的文學作品也不為過。尤其就結構而言，《維摩詰經》猶如一部戲劇，歷經場景轉換而又枝葉橫生，講經說法的中心人物先後由佛和維摩詰居士擔任，而後者更是在全部經書中擔當了重要的角色。按照一般佛經的通例，《維摩詰經》也可分為序分、正宗分、流通分三大部分。起首先敘述佛與眾菩薩大弟子在毗耶離菴羅樹園，佛祖接受寶積的供養並為他闡發菩薩淨土的精義，這為全文定下了大乘思想的基調，是為序分。從第二品開始是正宗分，即經文的主體。在第二品中，本經的主角維摩詰居士上場。我們知道，作為佛教三藏之一的佛經，都是屬於佛的言教，所以經的主角無疑應該是佛陀。然而《維摩詰經》中佛教思想觀念的主要宣說者卻是維摩詰，他既是大富大貴、受人尊崇的長者，又是淨心修行、普渡眾生的菩薩。這樣的雙重形象，體現了當時佛教發展日益擴大，深入世間的情勢——維摩詰世俗的「長者」身分，透露出他的原型也許就是作為佛教重要支持力量的商人。維摩詰為了方便度人而「現身有疾」，從而得以向前來探問的人們宣說佛法奧義。面對如來探問維摩詰的指令，其各大弟子和菩薩卻無一人敢於接受任務，因為他們都曾被維摩詰的雄辯所折服；最終，菩薩中智慧第一的文殊師利領受佛旨，前往毗耶離城探病，二人由此展開機鋒百出的論辯，在辯難中抽絲剝繭層層深入的佛理也呈現出本經的精要所在。隨後天女散花、香積世界求食等情節一一展開，充分表現了大乘以智慧方便度人的主旨。論辯結束以後，維摩詰與文殊率領弟子菩薩眾返回菴羅樹園，聆聽佛的說法。最後的第十三、十四品為流通分，佛祖向彌勒菩薩等傳授此經，命其流布宣揚，不令斷絕。

如果要比較切當地把握《維摩詰經》的觀念以及它在佛教發展歷史中，尤其是中國佛教歷史上的凸出影響，首先應該在其產生的歷史背景下加以瞭解。

在部派佛教的後期，許多派別中出現了執著「法」有的傾向，或者徑直認為世間諸法為實有，或者堅執佛所說法為實有。大乘佛教初起，它所直接反對的就是這些執著於「有」的觀念，而主張「空」觀。最初出現的大乘佛經典籍，一般認為是《般若經》一類，其中心主旨即在於此。《維摩詰經》依據般若經典而來，秉承「空」觀是自然的；對此，維摩詰曾有反覆論說，他向國王、大臣、長者、居士、婆羅門、王子、官屬等說法：「是身如聚沫」、「如泡」、「如焰」、「如芭蕉」、「如幻」、「如夢」、「如影」、「如響」、「如浮雲」、「如電」（〈方便品〉）；他還對優波離說道：「一切法生滅不住，如幻如電；諸法不相待，乃至一念不住；諸法皆妄見，如夢如焰，如水中月，如鏡中像，以妄想生」（〈弟子品〉）。由此可見《維摩詰經》的「身」、「法」空幻意識。

然而，僅僅持「空」見，並非究竟。真正把握「空」觀的問題，在於這「空」本身，在大乘佛教般若學看來，也不過是一種假名，不可執著，執著於「空」亦是一病。這層意思在般若中觀學中非常清晰。龍樹所造《中論》有「三是偈」曰：「眾因緣生法，我說即是空；亦為是假名，亦是中道義。」所論即此意：世間由因緣所生起的諸法相，當視為「空」；而這「空」也不過是假名權說而已，瞭解了這非實有的「空」和「空」本身的假名性，不著兩邊，是即「中道」真諦。《維摩詰經》當然不可能像後來的龍樹中觀學表述得如此透徹，但反對頑空而呈現中道精神的傾向還是非常明顯的。維摩詰曾說：「我及涅槃，此二皆空」，「如此二法，無決定性。得是平等，無有餘病，唯有空病，空病亦空」(〈文殊師利問疾品〉)。而〈弟子品〉中，維摩詰針對迦旃延所演說的「無常」等義，宣言「諸法畢竟不生不滅」；〈佛國品〉寶積於佛前偈頌中有「說法不有亦不無，以因緣故諸法生」，其中所謂的「不生不滅」、「不有不無」等都讓人想起龍樹《中論》開首的「不生亦不滅，不常亦不斷，不一亦不異，不出亦不來」的「八不中道」之說。這顯然是超乎簡單「空」見之上的更高境界，它宣揚空理而並不執著於空，並不墮入「頑空」，而是以中道來觀照宇宙人生，在有、無兩端間求取平衡。由此回顧上引維摩詰闡說「身」、「法」空幻的對象，主要是世俗眾生和佛之小乘弟子，即可意會到那不過是為淺人說解法義初步而已。

《維摩詰經》內含「中道」觀念是沒有疑問的，不過，其所表述者主要則是所謂「不二」，這可以說是本經的中心觀念之一，有〈入不二法門品〉專論「不二」。所謂「不二」，其實質即無對待而泯差別，超乎對待和差別，體現的就是「中道」的精神。〈入不二法門品〉開篇，法自在菩薩云：「生、滅為二。法本不生；今則無滅。得此無生法忍，是為入不二法門。」「生」、「滅」在通常的意識中當然是相互對待的，然而此由「不生不滅」的立場加以觀照，則袪除了對兩者對待的偏執。該品以下列舉了種種對待、分別的事相，一一加以破解。這種破偏執、無對待、泯差別的觀念是貫穿《維摩詰經》全部的。即就「生」、「滅」而言，〈不思議品〉便也指出：「法名寂滅，若行生滅，是求生滅，非求法也。」這也即意味著對於真正的「法」的追求，是不應執著於各端的，即使執著於所謂佛法亦非所宜取，所謂「求法者，不著佛求」。這或許可以說是將「不二」、無執的精神貫徹至極了。如此，則諸如「解脫」、「涅槃」等等追求也是值得反省的；在維摩詰的視野中，這些作出分別之後的追求不過是小乘的境界而已。〈觀眾生品〉中「天女散華」一章明白宣示了這一觀點。當天女所散之花落於菩薩身上時「即皆墮落」，落於佛之大弟子身上時「便著不墮」；這之間的道理，據天女說，花之本身是無所區別的，關鍵在於是否「生分別想」，「若於佛法出家，有所分別，為不如法；若無所分別，是則如法。觀諸菩薩華不著者，已斷一切分別想故」。將這種無分別的觀念推闡下去，則泯絕了通常意識中視為當然的相互對待、各有臧否的兩端。〈觀眾生品〉「天女散華」章中，天女接著便說道：「佛為增上慢人說離淫怒痴為解脫耳。若無增上慢者，佛說淫怒痴性即是解脫。」如此觀念，驟讀之下驚世駭俗，實則其自有內在的理路有以致之。

當《維摩詰經》將「解脫」和「淫怒痴」等一時，它便打破了以往佛教所努力加以排抵、祛除者和所努力修行、追求者之間的區別，從而建立起淨、染兩個世界同一，出世間、入世間無二的新觀念。〈入不二法門品〉中諸多「不二」即有關於此：

師子意菩薩曰：「有漏、無漏為二。若得諸法等，則不起漏、不漏想。不著於相，亦不住無相，是為入不二法門。」

那羅延菩薩曰：「世間、出世間為二。世間性空，即是出世間。」

善意菩薩曰：「生死、涅槃為二。若見生死性，則無生死，無縛無解，不然不滅。如是解者，是為入不二法門。」

電天菩薩曰：「明、無明為二。無明實性即是明，明亦不可取。離一切數，於其中平等無二者，是為入不二法門。」

寶印手菩薩曰：「樂涅槃、不樂世間為二。若不樂涅槃，不厭世間，則無有二。」

諸菩薩所言貫穿無對待、泯差別的「不二」觀念無疑，然而更為重要的是這些論說體現了《維摩詰經》所具有的大乘佛教在實踐方面的特質，「不二」的理路和大乘佛教的新精神相互契合、互相支援，在歷史上發生了巨大的影響。

《維摩詰經》是大乘佛教初期出現的經典之一。以往，佛教關注的問題是解脫，尤其主要是個人的解脫，而大乘的基本精神是自利利他，也就是不僅需要自我的覺悟解脫，而且要救度沉迷於俗世的眾生，這自然需要對世間的關懷乃至投入。這樣，遠離世間的取向就應該有所調整，在出世間和世間之間當保持適宜的平衡。當然，這不是對塵世的完全認同。那羅延所謂「世間性空，即是出世間」，就代表了大乘佛教的基本立場：世間事相本質為空幻，如果了悟此點在世間與出世間也就可以「不二」了。不過，雖然有這一基本立場平衡住世間與出世間，但顯然，其新異之處正是在不復偏執於離世修行、去染就淨，而以住世為涅槃，以度人為解脫這一大乘菩薩行的真精神。《維摩詰經》中對此苦口婆心，反覆申言。

首先，不復執著於離世修行，而以住世為涅槃。〈弟子品〉中，維摩詰教導舍利弗何謂「宴坐」時有兩句最為簡捷明瞭地表達了這一意思：「不捨道法而現凡夫事」，「不斷煩惱而入涅槃」。上句是說信持佛法而行同凡間，下句是說就在塵濁世間實現涅槃解脫。秉持如此觀念修行實踐，實質上也即是不執著於塵俗和清淨、沉迷與涅槃的「不二」。《維摩詰經》中形容此謂：「非有煩惱，非離煩惱；非入定意，非起定意；非住世間，非住涅槃。」（〈弟子品〉）由此更進一步，《維摩詰經》甚至認為不僅不能執著於淨、染之分別，而且只有在染中才能起淨，也就是說只有在塵染的世間才會有真正的覺悟和解脫。〈佛道品〉批評小乘弟子偏執淨法時，以蓮花為喻說曰：「譬如高原陸地，不生蓮華；卑濕淤泥，乃生此華。如是見無為法入正位者，終不復能生於佛法；煩惱泥中乃有眾生起佛法耳。」接著的一個譬喻是下海得珠：「一切煩惱為如來種。譬如不下巨海，終不能得無價寶珠；如是不入煩惱大海，則不能得一切智寶。」這似乎出人意表，但其實它一方面是煩惱、涅槃不二的極端推闡，另一方面，關涉到大乘佛教自利利他、住世救度精神這一關鍵。

世間是塵染的，信持佛法可獲得清淨覺悟；如果僅僅是自悟自利，當然可以獨善其身，而如果意欲救世度人，那麼便得入乎塵染之中。《維摩詰經》於此有許多積極的論議，上述蓮花和下海得珠的譬喻也正可以是對大乘佛教這一姿態的辯說。維摩詰有偈：「火中生蓮華，是可謂希有，在欲而行禪，希有亦如是。」（〈佛道品〉）清楚地將蓮花之喻與行禪度人的宗旨聯繫起來了。住世度人是《維摩詰經》極力凸顯的一點。〈菩薩行品〉中，佛宣說「盡無盡解脫法門」，所謂「不盡有為，不住無為」，即學得、了悟諸如空、苦、無我、無常等等，但依然不離慈悲，以求取自家的解脫、涅槃為究竟，而是「入生死而無所畏」，「教化眾生，終不厭倦」。主動住於塵染世間救度眾生的典型，在本經中自然是維摩詰了。〈方便品〉的描述形象而切當：

欲度人故，以善方便居毗耶離。資財無量，攝諸貧民；奉戒清淨，攝諸毀禁；以忍調行，攝諸恚怒；以大精進，攝諸懈怠；一心禪寂，攝諸亂意；以決定慧，攝諸無智。雖為白衣，奉持沙門清淨律行；雖處居家，不著三界；示有妻子，常修梵行；現有眷屬，常樂遠離。

雖服寶飾，而以相好嚴身；雖復飲食，而以禪悅為味。若至博奕戲處，輒以度人。受諸異道，不毀正信。雖明世典，常樂佛法。一切見敬，為供養中最。執持正法，攝諸長幼。一切治生諧偶，雖獲俗利，不以喜悅。游諸四衢，饒益眾生。入治政法，救護一切；入講論處，導以大乘；入諸學堂，誘開童蒙；入諸淫舍，示欲之過；入諸酒肆，能立其志。

因為要救度眾生，他來生此世間，這是維摩詰主動入世願力的體現；修行六度，獲得覺悟，故而雖然他擁有無數俗世的財富和家庭，但真正心悅的還是佛法，這是維摩詰住世修行，染中得淨的實踐；入世間種種處所，「教化」、「饒益」眾生，這是維摩詰利他度人的表現。總之，《維摩詰經》所著力肯定的大乘精神在維摩詰身上得到集中而完整的呈現。

三、《維摩詰經》在中國的影響

最後，簡單說明《維摩詰經》的影響。

《維摩詰經》既是大乘的重要經典，在中國佛教中自然享有極高的地位，歷代自鳩摩羅什、僧肇師弟以下，許多著名高僧都曾為此經作過注釋義疏。說到《維摩詰經》在佛教發展歷史上的影響，僅舉關涉中國文化至為深刻的禪宗，《壇經》中，慧能曾一再引述《維摩詰經》的言句和觀念。尤其下面兩條值得特別注意（周紹良《敦煌寫本〈壇經〉原本》，文物出版社一九九七年版）：

一行三昧者，於一切時中行住坐臥，常行直心是。《淨名經》云：「直心是道場。」「直心是淨土。」

《維摩經》云：「即時豁然，還得本心。」

所引《維摩詰經》三條，「直心是道場」見〈菩薩品〉，「直心是淨土」見〈佛國品〉，「即時豁然，還得本心」見〈弟子品〉。慧能引述的《維摩詰經》都關涉到「心」。這固然體現了慧能新禪宗思想的側重所在，然而對於「本心」的重視確實也是《維摩詰經》一個值得關注之處。開篇〈佛國品〉中，佛就教導長者寶積：「欲得淨土，當淨其心；隨其心淨，則佛土淨。」凸出了心淨在佛教修行、獲致清淨境界中的重要性。〈弟子品〉中，維摩詰還有更進一步的說明，當長者子們提出出家不易，需得到父母同意時，維摩詰說：「汝等便發阿耨多羅三藐三菩提心，是即出家。」這一論說一方面肯定了離世間或住世間的形式並不重要，又一次確認染淨不二的觀念，另一方面更強調了在修行、覺悟過程中本心的關鍵性。該品中，維摩詰批評佛的弟子富樓那向新學比丘說法時，指出後者說的是「小乘法」，「不能知眾生根源」，「彼自無瘡，勿傷之也」（即謂原本完好，沒有什麼傷損之處）；維摩詰的化導不同，他認為這些比丘「久發大乘心，中忘此意」，所以要做的是讓他們「自識宿命」，瞭解原初的心意，「即時豁然，還得本心」，於是獲得無上正等正覺。同樣在這一品中，維摩詰反對優波離對違犯戒律的僧人解說律法的作為，而主張「當直除滅，勿擾其心」。在這兩種情形之中，維摩詰的觀點都是直指本心，以保守其本來的完好為宗旨的。這種傾向在相當程度上，與慧能「世人性本自淨」，不可「起心看淨，卻生淨妄」的說法是相貫通的，由此微小的例子，可以說，《壇經》中對《維摩詰經》的援引決非一時表面文章，《維摩詰經》確實屬於不多的為禪宗重視、依據的佛典。

在佛教傳統之外，《維摩詰經》對於中國文化的諸層面都有深遠的滲透和影響。從南北朝時期開始，帝王、貴族階層對它閱讀、講習持續而興盛。鳩摩羅什的《維摩詰所說經》就是承後秦姚興之意而新譯出的；北魏時《維摩詰經》非常流行，從龍門石窟的北魏時期洞窟看，許多都有維摩詰和文殊論議的形象；南方如梁武帝曾制《維摩詰經》注疏。至於士人之間崇尚《維摩詰經》的事例，更是不勝枚舉。《世說新語・文學》中記載：「支道林、許掾諸人共在會稽王齋頭，支為法師，許為都講。支通一義，四坐莫不厭心；許送一難，眾人莫不忭舞。但共嗟詠二家之美，不辯其理之所在。」這場名僧與名士合作的講論，主題正是《維摩詰經》（劉孝標注引《高逸沙門傳》）。支遁與王羲之、許詢等人交往的東晉中期，是精英士人階層開始深入接觸、接受佛理的轉折性時期，而《維摩詰經》的作用已於此可見。此後士人筆下呈現的有關《維摩詰經》的文辭、典實等屢屢可見，如謝靈運更有《維摩經十譬贊》

之作。

中古士人對於《維摩詰經》的熱情有多重原因，其中一個重要的緣故在於《維摩詰經》所提供的維摩詰這麼一個秉有高超覺悟又不離棄世間的居士形象。難以想像浸潤在傳統儒家「修身、齊家、治國、平天下」觀念中的士人會徹底拋棄對於家族、國家的責任去出家。然而，維摩詰居士「雖為白衣，奉持沙門清淨律行；雖處居家，不著三界；示有妻子，常修梵行；現有眷屬，常樂遠離」的形象，使他們獲得啟示，得以在維持文化傳統、宗族秩序的同時，追求超逸的宗教境界，企慕心靈的寧靜安然。由此而言，他們特別傾心於這部經典也便很可理解了。

佛教在隋唐時代進入空前繁盛的時期，《維摩詰經》在文士中的流行和影響較之以往有過之而無不及。最著名的例子當然是「詩佛」王維，他的名字「維」合以字「摩詰」，正是「維摩詰」。維摩詰形象的流行程度，只要看「詩仙」李白就可窺一斑，他是著名的道教徒，卻也曾有詩：「清蓮居士謫仙人，酒肆藏名五十春。湖州司馬何須問？金粟如來是後身！」(〈答湖州迦葉司馬問白何人也〉)自擬為維摩詰(維摩詰原為所謂「金粟如來」)。白居易在其許多詩作中，則不但同樣將維摩詰奉為理想人格的化身，更以自己的觀念去重塑維摩詰的形象，尤其凸顯俗世享樂生活與修道習禪融合無間的思想，他在酒筵上享受美酒聲色，卻辯解說：「雖過酒肆上，不離道場中。弦管聲非實，花鈿色是空。何人知此義？惟有淨名翁。」(〈酒筵上答張居士〉)可以說，文士佛教正是藉著維摩詰這一獨特的人物典型而獲得了長遠的發展。在佛教全面繁盛的唐代，《維摩詰經》的流播並非僅僅限於僧團和士大夫之中，普通的民眾也通過多種渠道接觸並信奉這部經典。在敦煌壁畫中就多有維摩詰的形象，而敦煌藏經洞出土的寫卷中也保存了多種《維摩詰經》講經文，此外還有表現《維摩詰經》的「五更轉」、「十二時」等歌辭的流行。《維摩詰經》通過多重的途徑，以一種既親切不違人情，又精妙深於佛理的形象，全方位地進入了中國古人的精神生活。

此次注譯《維摩詰經》所取以為原本的是鳩摩羅什譯《維摩詰所說經》三卷，因為該本實是歷史上受眾最多、影響最大的一種。我們以原支那內學院刊《藏要》本為依據，並參照了支謙和玄奘的譯本。前人注疏，主要參考鳩摩羅什弟子僧肇《注維摩詰所說經》（實包含鳩摩羅什的講解和僧肇、道生等弟子的注說）和玄奘弟子窺基的《說無垢稱經疏》，因為這兩種注疏的作者都曾得譯者親炙，且本人亦為義學深厚的大德，他們對經義理解的權威性應當是無庸置疑的。

卷上

佛國品第一

【題解】本品為全經之首，敘及本經之緣起。開篇首先讚頌諸菩薩的種種功德成就；隨後是長者子寶積歌頌佛的偈頌。本品後半部分尤其重要，佛回應寶積有關清淨佛土的請問，演說了如何獲得淨土以及淨土的種種殊勝之處；其中提出，實現佛土清淨需要實行布施、持戒、忍辱、精進、禪定、智慧的六度，需要發揚慈、悲、喜、捨的四無量心，需要運用諸多方便法門；而最後歸結為「欲得佛土，當淨其心；隨其心淨，則佛土淨」，從而肯定了佛教大乘修行中內在心性的重要性，由此，也開啓了以清淨覺悟介入塵染人間施行教化而無礙的道路。

如是我聞❶。

一時，佛❷在毗耶離❸菴羅樹❹園，與大比丘❺眾八千人俱，菩薩❻三萬二千。眾所知識❼，大智本行❽，皆悉成就❾。諸佛威神之所建立，為護法城❿，受持正法。能師子吼⓫，名聞十方⓬。眾人不請，友而安之。紹隆三寶⓭，能使不絕。降伏魔怨⓮，制諸外道⓯。悉已清淨，永離蓋纏⓰，心常安住，無礙解脫。念、定⓱、總持⓲，辯才⓳不斷，布施、持戒、忍辱、精進、禪定、智慧⓴及方便力㉑，無不具足㉒。逮無所得不起法忍㉓，已能隨順，轉不退輪㉔。善解法相㉕，知眾生根㉖。蓋㉗諸大眾，得無所畏㉘。功德㉙智慧，以修其心；相好嚴身，色像第一，捨諸世間所有飾好㉚。名稱高遠，踰於須彌㉛；深信堅固，猶若金剛㉜。法寶㉝普照，而雨甘露。於眾言音，微妙第一。深入緣起㉞，斷諸邪見，有無二邊，無復餘習㉟。演法無畏，猶師子吼；其所講說，乃如雷震。無有量，已過量㊱。集眾法寶，如海導師。了達諸法深妙之義，善知眾生往來所趣㊲及心所行。近無等等佛自在慧、十力、無畏、十八不共㊳。關閉一切諸惡趣門，而生五道以現其身㊴。為大醫王，善療眾病，應病與藥，令得服行。無量功德皆成就，無量佛土皆嚴淨㊵。其見聞者，無不蒙益；諸有所作，亦不唐捐㊶。如是一切功德，皆悉具足。

【注釋】❶如是我聞　佛經開卷語，猶言「我所聽聞的佛說是這樣的」，表示經中所述皆為佛所言說。據云這是釋迦牟尼所定，阿難曾問：「一切經首置何字？」佛曰：「一切經首置『如是我聞』等言。」（《大智度論》卷二）佛滅後，迦葉召集弟子結集，會誦經律，由阿難誦經，優波離頌律。因此這裏按照阿難頌經的語氣記錄，「我」即是阿難。❷佛　意為「覺者」，即已經覺悟的聖人。一般所說的佛，如果不加特別說明，就是指釋迦牟尼佛。釋迦牟尼，佛教的創立者，生活年代約在西元前五、六世紀，與孔子大致同時。釋迦牟尼本是古印度迦毗羅衛國淨飯王和摩耶夫人之子，因感世人生老病死之苦而出家修行，三十五歲在尼連禪河邊菩提樹下覺悟成佛，獨力完成了佛教思想體系的建構。此後遊歷各地傳揚教義。最後在拘盧那迦城外娑羅雙樹下涅槃，時年八十歲。❸毗耶離　或譯「吠舍離」、「維耶離」，意譯為「廣嚴」，為古印度大城。❹菴羅樹　一種果樹，果實像桃子。❺比丘　出家修行的成年男子。僧肇注：「比丘，秦言或名『淨乞食』，或名『破煩惱』，或名『淨持戒』，或名『能怖魔』。天竺一名該此四義。」❻菩薩　「菩提薩埵」的略稱，意譯為「覺有情」、「道眾生」等，指修行大乘追求佛果的大眾。菩提，意為覺悟。薩埵，意為有情眾生（擁有感情和認知能力的生物）。❼知識　認識；熟知。❽大智本行　大智以六度六通眾行為本，稱為大智本行。大智，指一切種智。是三智（一切智、道種智、一切種智）中的佛智，能夠知一切法的共相和自相。❾成就　在佛經中是修行圓滿完成的意思。❿為護法城　菩薩守護佛法之城。法，指佛法真諦。⓫獅子吼　指宣講佛法無所畏懼的聲音。師子，即獅子。⓬十方　指東、南、西、北、東南、東北、西南、西北、上、下。⓭三寶　指佛、法、僧。佛是一切諸佛；法是佛所教導的法理；僧是僧伽的簡稱，意譯為「和合」，為佛教沙門的組織。這三者在世間、出世間最為尊貴難得，故稱三寶。⓮魔怨　綜指各種阻礙擾亂人心的煩惱毒害。魔，「魔羅」的簡稱，意為能奪命、障礙、擾亂、破壞等。一般說有四魔：一、煩惱魔，即各種煩惱。二、陰魔，五陰能產生種種怨惱。三、死魔，死能斷絕性命。四、他化自在天子魔，簡稱天魔，即他化自在天（欲界第六天）的魔王，名為波旬，能阻害人之善事。⓯外道　指佛教以外的印度宗教流派，一般說共有九十六種，稱「九十六外道」。⓰蓋纏　指五蓋十纏，為各種煩惱的統稱。蓋，覆蓋心性，使不生善法的意思。五蓋是：貪欲、瞋恚、睡眠、掉悔、疑法。纏，纏繞束縛的意思。十纏是：無慚、無愧、痴、慳、悔、睡眠、掉舉、昏沉、瞋忿、覆。⓱念定　念、定均屬八正道。念，正念。定，正定。⓲總持　音譯為「陀羅尼」，指總納一切真理、修持各種法門而不忘失。這裏指持善不失，持惡不生。陀羅尼有四種：一、法陀羅尼（或稱聞陀羅尼），聞持佛法而不忘失。二、義陀羅尼，總持諸法義理而不忘失。三、咒陀羅尼，依禪定念誦密咒，有神祕莫測的效驗。四、忍陀羅尼，安住實相，保持不失。⓳辯才　指七辯才，包括捷利辯、利辯、不盡辯、不可斷辯、隨應辯、義辯、一切世間最上辯。⓴布施持戒忍辱精進禪定智慧　合稱「六波羅蜜」，意譯為「六度」，即六種從生死此岸度往涅槃彼岸的方法。布施，音譯為「檀那」，把自己的財物施捨給別人。持戒，遵守戒律而不觸犯。戒，音譯為「尸羅」，禁防修行者言行心意的過錯的規條。忍辱，音譯為「羼提」，指心意平和，忍受侮辱而不發怒。精進，音譯為「毗梨耶」，指勤奮修行，精純求進。禪定，禪，「禪那」的簡稱，意譯為「思惟修」、「靜慮」。定，音譯為「三昧」。禪定合稱，指凝心靜慮修行。智慧，音譯為「般若」，能通達法性（宇宙本質），稱為智慧。㉑方便力　方便度人的能力。方便，指方便度人。即依照不同情況，以相應的化身、手段來教化眾生。㉒具足　充分具備。㉓無所得不起法忍　謂「無生法忍」，指能夠認識到世界的本質，而且內心安穩不動，對萬物無所貪求無所取得。忍，有兩層涵義：一、忍耐，指在逆境中堅忍不怒。二、安忍，心意安穩，領悟佛理無所動搖。「忍」是佛經中常用的範疇，有二忍以至六忍，還有十忍、十四忍等各種說法。㉔已能隨順二句　這二句是說：菩薩已經能夠追隨佛祖運轉法輪而不退失。「轉法輪」是佛家常用語，指佛說法超度眾生。不退，不會得而復失。㉕法相　一切諸法的本質。相，本相。㉖根　根性；根本的品性。㉗蓋超越。㉘無所畏　這裏指菩薩四無所畏，即菩薩具有的四種無所畏懼的力量：一、總持無畏，明解教義而不忘失。二、知根無畏，瞭解眾生根性利鈍。三、決疑無畏，解答眾生疑難，無所阻礙。四、答報無畏，菩薩善於問答，無人能夠將其難倒。㉙功德　由於修道行善而獲得的利益。㉚相好嚴身三句　這三句是說：菩薩以功德智慧來完善內心，以各種美妙形相來修飾外表，因為本身已具備美妙形相，也就不需要外在的裝飾了。相，指各種形相。好，指形相中的美妙之處。就佛祖化身而言，有三十二種相和八十種好。嚴，作動詞，謂修飾。㉛須彌　須彌山，意譯為「妙高山」，是印度神話中的眾山之王，高八萬四千由旬，處在世界中心。㉜金剛　意譯為堅固銳利，能摧毀一切。㉝法寶　佛法寶光。㉞緣起　緣起學說是佛教的基本教義。佛教認為，世間萬事萬物都由因緣聚合而生起或消滅。㉟斷諸邪見三句　這三句是說：菩薩斷絕了局限於「有」或「無」兩端的偏見，智慧通達已經沒有剩餘的固習。㊱無有量二句　這二句是說：沒有限量，已經超過可測量的限度。量，可以被測度的一定限量。㊲趣　通「趨」。趨向。眾生在六道中輪迴往生，有所趨向。㊳無等等佛自在慧十力無畏十八不共　這句是說：菩薩接近了佛祖的以上種種功德神力。無等等佛，指佛祖智慧高妙，無人能與之相等，只有佛與佛相等。自在慧，指自在無礙的智慧。十力，指如來具備的十種智力：一、知覺處非處智力；二、知三世業報智力；三、知禪定解脫三昧智力；四、知諸根勝劣智力；五、知種種解智力；六、知種種界智力；七、知一切至處道智力；八、知天眼無礙智力；九、知宿命無漏智力；十、知永斷習氣智力。無畏，指佛的四種無所畏懼的能力：一、一切智無畏；二、漏盡無畏；三、說障道無畏；四、說盡苦道無畏。十八不共，十八種佛祖獨有的功德：身無失、口無失、念無失、無異想、無不定心、無不知已捨、欲無滅、精進無滅、念無滅、慧無滅、解脫無滅、解脫知見無滅、一切身業隨智慧行、一切口業隨智慧行、一切意業隨智慧行、智慧知過去世無礙、智慧知未來世無礙、智慧知現在世無礙。㊴關閉一切諸惡趣門二句　這二句是說：菩薩雖然已經關閉了進入惡道輪迴的大門，卻自願投生五道，以救護眾生。惡趣，即惡道。地獄、畜生、餓鬼為三惡趣，加阿修羅為四惡趣，再加人為五惡趣。五道，指地獄、畜生、餓鬼、人、天。世間眾生都在五道中生死輪迴。㊵嚴淨　嚴，端正莊嚴。淨，清淨無垢。㊶唐捐　白費力氣；徒勞無益。

【語　譯】我聽佛是這麼講說的。

當時，佛在毗耶離國的菴羅樹園，與大比丘八千人一起，還有三萬二千位菩薩。他們為一切人眾所熟知，廣大的智慧和根本的修行都已圓滿成就。他們由諸佛的威力神通所建立，來護持佛法之城，自身也接受修持了正法。他們宣揚佛法的聲音如獅子吼遍布十方。眾生不需祈請，便能得到他們的友愛安撫。他們傳承發揚佛、法、僧三寶，使之延續不絕。他們降伏四種魔障，制服九十六種外道。他們完全清淨，永遠脫離五蓋十纏種種煩惱；總是心境安寧，對解脫已經沒有阻礙。他們正念、正定，把持不失，七辯才成就不斷，布施、持戒、忍辱、精進、禪定、智慧等六度以及方便度人的力量，無不充分具備。他們達到了於法無取無得的無生法忍，已能隨順諸佛運轉法輪而不退不失。他們透徹地理解世界本質，熟知眾生的本性。他們超出眾生，得到四種無畏。以功德智慧來修養內心，形相莊嚴美妙無雙，捨棄世間所有裝飾玩好。他們名聲高遠，超越須彌山；信仰深厚堅固，猶如金剛不壞。佛法寶光普照，如甘露法雨潤澤萬物。他們在一切眾生中言語聲音最為深微奧妙。深切體悟緣起性空的真理，斷滅各種邪見，再不偏執於有、無二端。他們敷演佛法，無所畏懼，如獅子吼；話語有如雷霆震動，懾服眾生。他們聖德廣大沒有界限，已經超過眾生所能測量的限度。他們如航海導師，引領眾生入大乘海中探取各種法寶。他們了達佛法深妙之意，善於體察眾生在六道中輪迴的狀況和心意的美惡。他們擁有接近無等等佛的自在慧、十力、四無所畏和十八不共。他們已經關閉一切進入惡道的門戶，而又投生五道顯示自身。他們是偉大的醫中之王，以佛法之藥治療眾生疾病，依據不同的病症施與靈藥，使其服用痊癒。他們已成就無量功德，無量佛土都因而莊嚴清淨。凡目睹法身、聆聽佛法者無不蒙受益處；諸菩薩凡有所作為，都能有益於眾生而不徒勞無功。如此種種功德，菩薩都充分具備。

其名曰：等觀菩薩、不等觀菩薩、等不等觀菩薩、定自在王菩薩、法自在王菩薩、法相菩薩、光相菩薩、光嚴菩薩、大嚴菩薩、寶積菩薩、辯積菩薩、寶手菩薩、寶印手菩薩、常舉手菩薩、常下手菩薩、常慘菩薩、喜根菩薩、喜王菩薩、辯音菩薩、虛空藏菩薩、執寶炬菩薩、寶勇菩薩、寶見菩薩、帝網菩薩、明網菩薩、無緣觀菩薩、慧積菩薩、寶勝菩薩、天王菩薩、壞魔菩薩、電德菩薩、自在王菩薩、功德相嚴菩薩、師子吼菩薩、雷音菩薩、山相擊音菩薩、香象菩薩、白香象菩薩、常精進菩薩、不休息菩薩、妙生菩薩、華嚴菩薩、觀世音菩薩、得大勢菩薩、梵網菩薩、寶杖菩薩、無勝菩薩、嚴土菩薩、金髻菩薩、珠髻菩薩、彌勒菩薩、文殊師利法王子菩薩❶。如是等三萬二千人。

【注釋】❶文殊師利法王子菩薩　一切菩薩都是法王（佛陀）之子，但文殊師利位居菩薩上首，故獨標舉其為法王子。

【語譯】菩薩的名字是：等觀菩薩、不等觀菩薩、等不等觀菩薩、定自在王菩薩、法自在王菩薩、法相菩薩、光相菩薩、光嚴菩薩、大嚴菩薩、寶積菩薩、辯積菩薩、寶手菩薩、寶印手菩薩、常舉手菩薩、常下手菩薩、常慘菩薩、喜根菩薩、喜王菩薩、辯音菩薩、虛空藏菩薩、執寶炬菩薩、寶勇菩薩、寶見菩薩、帝網菩薩、明網菩薩、無緣觀菩薩、慧積菩薩、寶勝菩薩、天王菩薩、壞魔菩薩、電德菩薩、自在王菩薩、功德相嚴菩薩、師子吼菩薩、雷音菩薩、山相擊音菩薩、香象菩薩、白香象菩薩、常精進菩薩、不休息菩薩、妙生菩薩、華嚴菩薩、觀世音菩薩、得大勢菩薩、梵網菩薩、寶杖菩薩、無勝菩薩、嚴土菩薩、金髻菩薩、珠髻菩薩、彌勒菩薩、文殊師利法王子菩薩。像這樣的三萬二千人。

復有萬梵天王尸棄❶等，從餘四天下❷來詣佛所而聽法。復有萬二千天帝❸，亦從餘四天下來在會坐。并餘大威力諸天、龍神、夜叉、乾闥婆、阿修羅、迦樓羅、緊那羅、摩睺羅伽❹等，悉來會坐。諸比丘、比丘尼、優婆塞、優婆夷❺，俱來會坐。彼時，佛與無量百千之眾恭敬圍繞而為說法，譬如須彌山王顯於大海，安處眾寶師子之座❻，蔽❼於一切諸來大眾。

【注　釋】❶梵天王尸棄　梵天是色界之初禪天，寂靜清淨，遠離淫欲，故稱梵天（梵是清淨之意）。梵天之主為大梵天王，名為尸棄。❷四天下　即四大洲，分別為東勝神洲、南瞻部洲（又名南閻浮提世界）、西牛貨洲、北俱盧洲（又名北鬱單越世界）。❸天帝　即天帝釋。欲界六重天中第二重天為忉利天，在須彌山頂，天帝釋是忉利天之主。❹并餘大威力諸天句　八者均為佛教神鬼，合稱天龍八部。天，天帝釋，為忉利天之主。或者泛指一切天神。龍，蛇屬之長，本居大海，有神力，能興雲雨。夜叉，意為「能噉鬼」、「捷疾鬼」、「輕捷」等，是飛行食人的鬼。乾闥婆，香神，意譯為「尋香行」，是天帝釋的樂神，以香氣為食。阿修羅，意為「無端正」（男子醜陋女子美麗）、「不飲酒」（果報無酒）、「非天」（雖生於天道而為惡行）等，為與天帝釋戰鬥之神。迦樓羅，意譯為「金翅鳥」、「妙翅鳥」，居於四天下之大樹，翅膀有種種美妙光色，以龍為食，鳴聲悲苦。緊那羅，意為「人非人」，似人而頭上有一角，也是天帝釋的樂神，但形體較小。摩睺羅伽，大蟒神，為腹行無足的蛇類。❺比丘比丘尼優婆塞優婆夷　合稱「四眾」。比丘、比丘尼是出家受具足戒的男、女僧人，俗稱和尚、尼姑。優婆塞、優婆夷是受持五戒的在家男、女居士。❻師子之座　佛陀是人中的獅子，因此佛的座位都稱為獅子座，如同皇帝的座位稱為龍椅一樣。❼蔽　覆蓋；遮蔽。

【語　譯】又有尸棄等數以萬計的大梵天王，也從其餘的四天下到佛的居所來聆聽佛法。還有一萬二千天帝釋也從其餘四天下來參加法會，以及有大威力的諸天、龍神、夜叉、乾闥婆、阿修羅、迦樓羅、緊那羅、摩睺羅伽等天龍八部都來參加法會。諸比丘、比丘尼、優婆塞、優婆夷等四眾也都來參加法會。那時候，佛在無數大眾的恭敬圍繞中為他們說法，有如須彌山高聳於大海之上；安坐在各種珠寶裝飾的獅子座中，神光映蔽一切前來聽法的大眾。

爾時，毗耶離城有長者子名曰寶積，與五百長者子俱持七寶蓋來詣佛所，頭面禮足❶，各以其蓋共供養❷佛。佛之威神，令諸寶蓋合成一蓋，遍覆三千大千世界❸，而此世界廣長之相，悉於中現。又此三千大千世界諸須彌山、雪山、目真鄰陀山、摩訶目真鄰陀山、香山、寶山、金山、黑山、鐵圍山、大鐵圍山、大海江河、川流泉源，及日月星辰、天宮、龍宮、諸尊神宮，悉現於寶蓋中。又十方諸佛，諸佛說法，亦現於寶蓋中。爾時，一切大眾覩佛神力，歎未曾有，合掌禮佛，瞻仰尊顏，目不暫捨❹。

【注釋】❶頭面禮足　亦稱頂禮，伏身以頭面觸碰受禮者的足背，是最高的敬禮。❷供養　本義為供給贍養，在佛經中指為了資養三寶而奉獻各種財物器具。❸三千大千世界　簡稱大千世界，是佛教所構造的世界系統。

在一世界中央為須彌山，山上下皆大而中腰細，四王天在山腰四面，忉利天在山頂。須彌山四周為大海及四大洲，大海之外有鐵圍山圍繞，以上稱為一小世界。合一千小世界，為一小千世界。合一千小千世界，為一中千世界。合一千中千世界，為大千世界。因為大千世界中有三個千的倍數，故稱三千大千世界。❹目不暫捨　目光沒有片刻離開。

【語譯】此時，毗耶離城有一位長者的兒子，名叫寶積，他與五百位長者之子一同手持七寶蓋來到佛的居所，向佛行頭面觸佛足的大禮，各自獻上自己的寶蓋來供養佛祖。佛的神通威力使諸寶蓋合成一蓋，遍覆三千大千世界，而世界遼闊廣大的景象完全顯現其中。這三千大千世界中的諸須彌山、雪山、目真鄰陀山、摩訶目真鄰陀山、香山、寶山、金山、黑山、鐵圍山、大鐵圍山、大海江河、川流泉源，及日月星辰、天宮、龍宮、諸尊神宮，都顯現在寶蓋當中。又有十方諸佛說法的情境，也都在寶蓋中顯現。此時，一切大眾目睹佛祖神力，都讚歎這是未曾有過的奇蹟，雙手合十禮敬佛祖，抬頭瞻仰佛祖的容顏，目光不曾有片刻游離。

長者子寶積，即於佛前以偈頌❶曰：

目淨修廣如青蓮，心淨已度諸禪定，

久積淨業稱無量，導眾以寂故稽首❷。

既見大聖以神變，普現十方無量土，

其中諸佛演說法，於是一切悉見聞❸。
法王法力超群生，常以法財施一切，
能善分別諸法相，於第一義而不動❹。
已於諸法得自在，是故稽首此法王，
說法不有亦不無，以因緣故諸法生❺。
無我無造無受者，善惡之業亦不亡，
始在佛樹力降魔，得甘露滅覺道成❻。
已無心意無受行，而悉摧伏諸外道，
三轉法輪於大千，其輪本來常清淨❼。
天人得道為此證，三寶於是現世間，
以斯妙法濟群生，一受不退常寂然❽。
度老病死大醫王，當禮法海德無邊，
毀譽不動如須彌，於善不善等以慈❾。

心行平等如虛空，孰聞人寶不敬承，
今奉世尊此微蓋，於中現我三千界⑩。
諸天龍神所居宮，乾闥婆等及夜叉，
悉見世間諸所有，十力哀現是化變⑪。
眾睹希有皆歎佛，今我稽首三界尊，
大聖法王眾所歸，淨心觀佛靡不欣⑫。
各見世尊在其前，斯則神力不共法，
佛以一音演說法，眾生隨類各得解⑬。
皆謂世尊同其語，斯則神力不共法，
佛以一音演說法，眾生各各隨所解⑭。
普得受行獲其利，斯則神力不共法，
佛以一音演說法，或有恐畏或歡喜⑮。
或生厭離或斷疑，斯則神力不共法，

稽首十力大精進，稽首已得無所畏⑯。

稽首住於不共法，稽首一切大導師，

稽首能斷眾結縛，稽首已到於彼岸⑰。

稽首能度諸世間，稽首永離生死道，

悉知眾生來去相，善於諸法得解脫⑱。

不著世間如蓮華，常善入於空寂行，

達諸法相無罣礙，稽首如空無所依⑲。

【注釋】❶偈頌　偈是「偈他」的簡稱，意譯為頌。偈頌是常用的佛經韻文體式，以四句為一組。佛經的文體一般是在散文記敘以後配以長篇的偈頌，交替出現，散韻結合。以下注釋中依照偈頌體例，四句一注。但應當注意，每四句並不一定就是表達一個統一的意義，要貫通全篇理解。❷目淨修廣如青蓮四句　這四句涵義為：雙眼廣大明淨，如同青蓮之葉；心意安穩清淨，已經渡過禪定之海。長久地積累了善業，已經無窮無盡；佛祖以寂靜真諦引導眾生，因此我向您稽首行禮。青蓮，印度的一種植物，葉子長大，青白分明如同人眼。稽首，僧家行禮，以頭伏地，稱為稽首。❸既見大聖以神變四句　這四句涵義為：我已經看見大聖您神通變化，顯現十方無量國土；還有諸佛演說佛法的情景，都在其中可見可聞。大聖，還有下文的「法王」、「大醫王」、「世尊」，都指釋迦牟尼佛。❹法王法力超群生四句　這四句涵義為：法王的法力超越眾生，總是以佛法之財寶布施給世間一切。您善於分辨萬物的不同形相，卻秉持諸法一相的最高真理毫不動搖。第一義，佛教認為，世間萬事萬物雖然有各種不同形相狀態，其本質卻都是空。本質相同，稱為「一相」，本質為空，稱為「無相」。這是最高的真義，因此稱為第一義。❺已於諸法得自在四句　這四句涵義為：佛祖已經在諸法中自由隨意，因此我向這萬法之王稽首行禮。佛祖宣說真理：諸法非有非無，只是因緣聚合而生。法不有亦不無，諸法都由因緣所生，故並非實有；但因緣聚合而生諸法，因此也不是完全虛無。因緣，因指事物發生的原因，緣指事物發生的輔助條件。萬物都得因緣而生，譬如種植稻穀，種子為因，農夫雨露泥土為緣，因緣聚合而得米。❻無我無造無受者四句　這四句涵義為：沒有自我，沒有行為主體也沒有承受客體；但善惡之業卻並不因此而消亡。佛祖當初在菩提樹下以十力降魔，證入甘露寂滅，覺悟大道。我，即主宰自身的「自我」。造，如果有自我，就有善惡禍福種種行為造作。受，有造作者則有承受者。佛樹，即菩提樹（畢鉢羅樹），佛在此樹下覺悟，以十力降伏天魔。滅，梵語「涅槃」的漢譯，又譯「寂滅」、「滅度」、「圓寂」等，指斷絕生死輪迴，寂滅空無的境界。甘露滅是形容涅槃境界美妙，味如甘露。❼已無心意無受行四句　這四句涵義為：已經沒有心意作為，沒有對外界的接受和作用，而能夠摧伏外道邪魔。在大千世界中三轉法輪，法輪的本性總是清淨無垢。受，五蘊中的第二蘊，指內心對外界的接受。行，五蘊中的第四蘊，指心對外界的思考作用。三轉法輪，佛陀覺悟後在鹿野苑初轉法輪，有示、勸、證三轉。一、示轉，向弟子顯示苦集滅道四諦之相。二、勸轉，勸說弟子知苦、斷集、證滅、修道。三、證轉，以自身為證。❽天人得道為此證四句　這四句涵義為：佛祖初轉法輪時度化的天人，是法輪清淨的最好證明；佛、法、僧三寶也從此而照耀世間。以這樣完美的佛法拯救眾生，使他們在接受以後心意寂靜，不再退轉或亡失。天，通常有兩種涵義：一、物質意義上的天，如六欲天、梵天。二、各種鬼神，如帝釋天、鬼子母天。這裡指佛祖初轉法輪時所度化的八萬諸天鬼神。人，這裡指佛祖初轉法輪時所度化的五比丘，分別為憍陳如、額鞞、跋提、十力迦葉、魔男俱利。❾度老病死大醫王四句　這四句涵義為：佛祖是偉大的醫中之王，救度眾生的生老病死之苦；因此我應當稽首行禮，向著這功德無邊的佛法之海。佛祖無論面對毀謗還是稱譽，都安穩不動猶如須彌山王；無論面對行善或不善的眾生，都平等地以慈心安撫他們。老病死，即生老病死，佛教認為這是眾生在世無法逃避的四種大痛苦。❿心行平等如虛空四句　這四句涵義為：佛祖以平等心待一切眾生，廣大無邊猶如虛空；知道有這樣的人間珍寶，有誰會不敬仰供奉呢？因此我向世尊獻上這卑微的華蓋，而您令其中顯現出三千大千世界。人寶，人間的珍寶，指佛陀。僧肇注：「(佛)在天為天寶，在人為人寶。」⓫諸天龍神所居宮四句　這四句涵義為：各種天龍鬼神，還有他們的宮殿，這世間種種景象，都全部呈現出來。如來十力哀憫眾生，因此顯現出這樣的神奇變化。⓬眾覩希有皆歎佛四句　這四句涵義為：大眾目睹這罕見的情景，都讚歎佛祖的威德。現在我向三界之尊稽首行禮。您是眾生所歸依的大聖法王，我們淨心瞻仰佛祖，皆大歡喜。三界，世間有情眾生所居住的三界，即欲界、色界和無色界，皆處於生死輪迴之中。⓭各見世尊在其前四句　這四句涵義為：眾生各自看見世尊只出現在自己眼前，這就是佛祖獨一無二的神力所致。佛祖以同樣的聲音演說佛法，眾生卻能隨自己的不同類別而理解。⓮皆謂世尊同其語四句　這四句涵義為：都覺得世尊使用的語言和自己相同，這也是佛祖獨一無二的神力所致。佛祖以同樣的聲音演說佛法，眾生卻能各自根據自身的狀況進行理解。⓯普得受行獲其利四句　這四句涵義為：都能接受並且修行佛法，這也是佛祖獨一無二的神力所致。佛祖以同樣的聲音演說佛法，聽法眾生卻產生種種不同感應：有的驚恐畏懼，有的歡欣鼓舞。僧肇注：「眾生聞苦報則恐畏，聞妙果則歡喜；聞不淨則厭離，聞法相則斷疑。」⓰或生厭離或斷疑四句　這四句涵義為：有的厭棄世間，有的斷絕疑惑。這也是佛祖獨一無二的神力所致。我向擁有十力、精進勇猛的佛祖稽首；向已經得無所畏的佛祖稽首。⓱稽首住於不共法四句　這四句涵義為：向住於十八不共法中的佛祖稽首；向一切眾生的偉大導師稽首；向能夠斷除眾生束縛的佛祖稽首；向已經到達涅槃彼岸的佛祖稽首。⓲稽首能度諸世間四句　這四句涵義為：向能夠救度世間眾生的佛祖稽首；向永遠脫離了生死輪迴的佛祖稽首。佛祖洞悉眾生生死來回的情況，善於在萬法中獲得解脫。⓳不著世間如蓮華四句　這四句涵義為：佛祖不被世間塵垢所沾汙，如同蓮花出淤泥而不染；總是悟入空寂之境，已經通達世界本質，無所窒礙。因此我向這如同虛空般自在自為、無所依憑的佛祖稽首行禮。罣礙，即掛礙，心中有所掛念妨礙。罣，通「掛」。

【語　譯】長者之子寶積就在佛祖座前頌偈道：

目淨修廣如青蓮，心淨已度諸禪定，
久積淨業稱無量，導眾以寂故稽首。
既見大聖以神變，普現十方無量土，
其中諸佛演說法，於是一切悉見聞。
法王法力超群生，常以法財施一切，
能善分別諸法相，於第一義而不動。
已於諸法得自在，是故稽首此法王，
說法不有亦不無，以因緣故諸法生。
無我無造無受者，善惡之業亦不亡，
始在佛樹力降魔，得甘露滅覺道成。
已無心意無受行，而悉摧伏諸外道，
三轉法輪於大千，其輪本來常清淨。
天人得道為此證，三寶於是現世間，
以斯妙法濟群生，一受不退常寂然。
度老病死大醫王，當禮法海德無邊，

毀譽不動如須彌，於善不善等以慈。
心行平等如虛空，孰聞人寶不敬承，
今奉世尊此微蓋，於中現我三千界。
諸天龍神所居宮，乾闥婆等及夜叉，
悉見世間諸所有，十力哀現是化變。
眾覩希有皆歎佛，今我稽首三界尊，
大聖法王眾所歸，淨心觀佛靡不欣。
各見世尊在其前，斯則神力不共法，
佛以一音演說法，眾生隨類各得解。
皆謂世尊同其語，斯則神力不共法，
佛以一音演說法，眾生各各隨所解。
普得受行獲其利，斯則神力不共法，
佛以一音演說法，或有恐畏或歡喜。
或生厭離或斷疑，斯則神力不共法，
稽首十力大精進，稽首已得無所畏。
稽首住於不共法，稽首一切大導師，
稽首能斷眾結縛，稽首已到於彼岸。
稽首能度諸世間，稽首永離生死道，

悉知眾生來去相，善於諸法得解脫。
不著世間如蓮華，常善入於空寂行，
達諸法相無罣礙，稽首如空無所依。

爾時，長者子寶積說此偈已，白佛言：「世尊，是五百長者子皆已發阿耨多羅三藐三菩提心❶。願聞得佛國土清淨，唯願世尊說諸菩薩淨土❷之行。」佛言：「善哉！寶積，乃能為諸菩薩問於如來淨土之行。諦聽❸諦聽！善思念之。當為汝說。」於是寶積及五百長者子，受教而聽。

佛言：「寶積，眾生之類是菩薩佛土。所以者何？菩薩隨所化眾生而取佛土，隨所調伏❹眾生而取佛土，隨諸眾生應以何國入佛智慧而取佛土，隨諸眾生應以何國起菩薩根而取佛土。所以者何？菩薩取於淨國，皆為饒益諸眾生故。譬如有人欲於空地造立宮室，隨意無礙；若於虛空，終不能成。菩薩如是，為成就眾生故，願取佛國。願取佛國者，非於空也。寶積當知！直心❺是菩薩淨土，菩薩成佛時，不諂眾生來生其國；深心❻是菩薩淨土，菩薩成佛時，具足功德眾生來生其國；菩提心是菩薩淨土，菩薩成佛時，大乘❼眾生來生其國；布施是菩薩淨土，菩薩成佛時，一切能捨眾生來生其國；持戒是菩薩淨土，菩薩成佛時，行十善道❽滿願眾生來生其國；忍辱是菩薩淨土，菩薩成佛時，三十二相❾莊嚴眾生來生其國；精進是菩薩淨土，菩薩成佛時，勤修一切功德眾生來生其國；禪定是菩薩淨土，菩薩成佛時，攝心不亂眾生來生其國；智慧是菩薩淨土，菩薩成佛時，正定眾生來生其國；四無量心❿是菩薩淨土，菩薩成佛時，成就慈悲喜捨眾生來生其國。四攝法⓫是菩薩淨土，菩薩成佛時，解脫所攝眾生來生其國；方便是菩薩淨土，菩薩成佛時，於一切法方便無礙眾生來生其國；三十七道品⓬是菩薩淨土，菩薩成佛時，念處、正勤、神足、根、力、覺、道眾生來生其國；迴向心⓭是菩薩淨土，菩薩成佛時，得一切具足功德國土；說除八難是菩薩淨土，菩薩成佛時，國土無有三惡八難⑭；自守戒行不譏彼闕⑮是菩薩淨土，菩薩成佛時，國土有無犯禁之名；十善是菩薩淨土，菩薩成佛時，命不中夭、大富、梵行、所言誠諦、常以軟語、眷屬不離、善和諍訟、言必饒益、不嫉、不恚、正見眾生來生其國。

「如是！寶積，菩薩隨其直心，則能發行；隨其發行，則得深心；隨其深心，則意調伏；隨其調伏，則如說行；隨如說行，則能迴向；隨其迴向，則有方便；隨其方便，則成就眾生；隨成就眾生，則佛土淨；隨佛土淨，則說法淨；隨說法淨，則智慧淨；隨智慧淨，則其心淨；隨其心淨，則一切功德淨。是故，寶積！若菩薩欲得淨土，當淨其心；隨其心淨，則佛土淨。」

【注　釋】❶阿耨多羅三藐三菩提心　梵文音譯，意為求取「無上正等正覺」（佛覺悟的智慧，真正平等圓滿的智慧）的心志。❷淨土　清淨美妙的國土，即所謂極樂世界。有兩種：一、報土，是佛所得的果報而自行受用之淨土。二、化土，是為教化眾生而變化之淨土。❸諦聽　細心傾聽。❹調伏　調教安撫，使之馴服。❺直心　質樸正直之心。❻深心　深厚堅固地追求佛道之心。❼大乘　音譯為「摩訶衍那」，簡稱「摩訶衍」，涵義為運載眾生往涅槃彼岸。這是印度佛教在西元一世紀左右形成的重要派別。大乘佛教將重視自身修行覺悟的原始佛教和部派佛教稱為「小乘」，而自稱「大乘」，以度化眾生為宗旨。《維摩詰經》就是一部大乘佛教的經典。❽十善道　是佛教的根本道德信條，指由身、口、意三業所產生的十種善行。屬於身業的是不殺生、不偷盜、不邪淫，屬於口業的是不妄語、不兩舌、不惡口、不綺語，屬於意業的是不貪欲、不瞋恚、不邪見。與之相對的是十惡，即從殺生以至邪見。❾三十二相　是印度文化中對人所具備的美好形相的總括，共有三十二種，具體如手長過膝、身放光明、眉間白毫、頂生肉髻等等。❿四無量心　一、慈無量心：予人悅樂之心。二、悲無量心：救人苦難之心。三、喜無量心：見人離苦得樂，而產生歡喜之心。四、捨無量心：捨棄以上三心而不拘泥執著之心。菩薩發起這四種廣大精神以普度眾生。⓫四攝法　一、布施攝：隨眾生的願望而進行布施。二、愛語攝：隨眾生根性而設喻慰撫他們。三、利行攝：發起身口意業善行以助益眾生。四、同事攝：隨眾生所樂而顯現化身使之得益。攝，有攝取、提攜之意。菩薩以這四種善行來攝取提攜眾生，同往佛道。⓬三十七道品　或譯「三十七品」、「三十七分法」、「三十七菩提分」等，為三十七種通往涅槃之路的途徑。分別如下：四念處：身念處、受念處、心念處、法念處；四正勤：勤奮精進斷除已生之惡、勤奮精進遏止未生之惡、勤奮精進產生未生之善、勤奮精進增長已生之善；四如意足（四神足）：欲如意足、精進如意足、心如意足、思惟如意足；五根：眼根、耳根、鼻根、舌根、身根；五力，使五根增長之力；七覺支：擇法覺知、精進覺知、喜覺知、輕安覺知、念覺知、定覺知、行捨覺知；八正道：正見、正思惟、正語、正業、正命、正精進、正念、正定。⓭迴向心　返回正道，追求佛法的心願。⓮三惡八難　三惡，即三惡道。八難，又稱「八無暇」，指八種見佛聞法有所障礙的處所或狀況。一、地獄。二、惡鬼。三、畜生。四、鬱郁單越世界。五、長壽天。六、聾盲瘖啞。七、世智辨聰。八、佛前佛後，二佛中間無佛法處。⓯闕　缺陷；過失。

【語　譯】當時，長者之子寶積說完這段偈頌，便對佛陳言道：「世尊！這五百長者之子都已發起求無上正等正覺之心。我們希望聽到佛國是如何的清淨；希望世尊為我們演說，菩薩通過怎樣的修行而得到淨土？」佛說：「好啊！寶積，你能為諸菩薩向如來詢問得淨土的修行。聽著，聽著！好好地思考。我將為你們演說。」於是寶積和五百長者之子恭受教誨，仔細聆聽。

佛說：「寶積，一切有情眾生就是菩薩佛土啊。為什麼呢？菩薩根據他們度化眾生的情況而獲得相應的佛土，根據他們感伏眾生使之除惡行善的情況而獲得相應的佛土；根據眾生來世將在什麼樣的佛土上得到解脫而獲得相應的佛土，根據眾生將在什麼樣的佛土上產生菩薩根而獲得相應的佛土。為什麼呢？菩薩得到佛國淨土，都是為了要有益於眾生啊。譬如有人要在空曠的平地上造立宮室，自由隨意沒有阻礙；但如果是無所依憑的虛空，就無法建造成功了。菩薩正像是這樣，由於成就眾生的緣故而發願得到佛國。佛國是以眾生為基礎，而並非是從虛空中獲取的啊。寶積！你應當知道：質直之心是菩薩淨土，菩薩成佛時，一切誠實不諂曲的眾生來生在他的佛國；深固之心是菩薩淨土，菩薩成佛時，一切功德完滿的眾生來生在他的佛國；大乘心是菩薩淨土，菩薩成佛時，一切信仰大乘的眾生來生在他的佛國；布施是菩薩淨土，菩薩成佛時，一切能施捨一切的眾生來生在他的佛國；守持戒律是菩薩淨土，菩薩成佛時，一切發願修行十善道已臻圓滿的眾生來生在他的佛國；忍辱是菩薩淨土，菩薩成佛時，一切因忍辱修行而得三十二種美好形相的眾生來生在他的佛國；勇猛精進是菩薩淨土，菩薩成佛時，一切勤修一切功德的眾生來生在他的佛國；禪定是菩薩淨土，菩薩成佛時，一切能收攝心神不受惑亂的眾生來生在他的佛國；智慧是菩薩淨土，菩薩成佛時，一切修得正定的眾生來生在他的佛國；四無量心是菩薩淨土，菩薩成佛時，一切已修成慈、悲、喜、捨四無量心的眾生來生在他的佛國；四攝法是菩薩淨土，菩薩成佛時，一切被調伏解脫的眾生來生在他的佛國；方便是菩薩淨土，菩薩成佛時，善於觀照事物本質，隨心所欲而無礙於修行的眾生來生在他的佛國；三十七道品是菩薩淨土，菩薩成佛時，一切修行四念處、四正勤、四神足、五根、五力、七覺支、八正道的眾生來生在他的佛國；迴向心是菩薩淨土，菩薩成佛時，就得到了一切功德圓滿具備的佛土；演說消除八難之法是菩薩淨土，菩薩成佛時，國土上沒有三惡道和八難；自身修持戒行，不譏謗他者的缺失是菩薩淨土，菩薩成佛時，他的國土沒有觸犯禁戒的壞名聲；十善是菩薩淨土，菩薩成佛時，一切不夭折、得大富貴、行為清淨、說話誠懇、言語溫和、眷屬親密不相分離、善於和解爭鬥訴訟、發言必定對他人有益、不嫉妒、不惱怒的眾生來生在他的佛國。

「就是這樣！寶積，菩薩由於他的質直之心而能夠發願修行，由於他的發願修行而得到深固之心，由於他的深固之心而心意安順不起妄念，由於他的心意安順而能夠依佛法修行，由於他依佛法修行而能夠撥亂反正歸依大乘，由於他歸依大乘而獲得方便度人的法力，由於他方便度人而能夠度化眾生，由於他度化眾生而使佛土清淨，由於佛土清淨而使所演說的佛法清淨，由於佛法清淨而使智慧明淨，由於智慧明淨而使心意明淨，由於心意明淨而使一切功德清淨。因此，寶積！如果菩薩要得到清淨佛土，首先要做到心意清淨；隨著他的心意清淨，便達到佛土清淨。」

爾時，舍利弗[1]承佛威神作是念：「若菩薩心淨則佛土淨者，我世尊本為菩薩時，意豈不淨？而是❷佛土不淨若此！」佛知其念，即告之言：「於意云何❸？日月豈不淨耶？而盲者不見。」對曰：「不也，世尊。是盲者過，非日月咎。」「舍利弗！眾生罪，故不見如來佛國嚴淨，非如來咎。舍利弗！我此淨土，而汝不見。」

爾時，螺髻梵王❹語舍利弗：「勿作是念，謂此佛土以為不淨。所以者何？我見釋迦牟尼佛土清淨，譬如自在天宮❺。」舍利弗言：「我見此土，丘陵坑坎、荊棘砂礫、土石諸山，穢惡充滿。」螺髻梵王言：「仁者心有高下，不依佛慧，故見此土為不淨耳。舍利弗，菩薩於一切眾生悉皆平等，深心清淨，依佛智慧，則能見此佛土清淨。」

於是佛以足指按地，即時三千大千世界，若干百千珍寶嚴飾，譬如寶莊嚴佛無量功德寶莊嚴土。一切大眾歎未曾有，而皆自見坐寶蓮華❻。佛告舍利弗：「汝且觀是佛土嚴淨。」舍利弗言：「唯然！世尊。本所不見，本所不聞，今佛國土嚴淨悉現。」佛語舍利弗：「我佛國土常淨若此。為欲度斯下劣人，故示是眾惡不淨土耳。譬如諸天共寶器食，隨其福德，飯色有異。如是！舍利弗。若人心淨，便見此土功德莊嚴。」

【注　釋】❶舍利弗　或譯舍利子，佛陀十大弟子之一，稱為「智慧第一」。❷是　這個。❸於意云何　意謂「你這是什麼意思呢」。❹螺髻梵王　梵天王頂上髻作螺形。梵王名為「尸棄」，也就是螺髻的意思。❺自在天宮　色界之四禪天自在天王的宮殿。❻蓮華　即蓮花。佛經中有四種蓮華：一、優波羅華（青蓮華）。二、拘物頭華（黃蓮華）。三、波頭摩華（赤蓮華）。四、芬陀利華（白蓮華）。或再加泥盧鉢羅為五種，都譯為蓮華。

【語　譯】這時，舍利弗在佛祖威神籠罩之下想道：「如果說菩薩心意清淨則佛土清淨，那麼我世尊當初作菩薩時，他的心意難道不是清淨的嗎？但這個佛土卻是如此的不清淨！」佛當即瞭解他的想法，便對他說：「你這是什麼意思呢？盲人看不見日月的光明清淨，難道說日月果真是不清淨的嗎？」舍利弗回答說：「不是的，世尊。這是盲人的錯誤，並不是日月的過失。」佛祖便說道：「舍利弗呵，眾生由於自身的罪孽，而看不到如來佛國的莊嚴清淨，這不是如來的過失啊。舍利弗，我這佛土是清淨的，只是你看不見罷了。」

這時，螺髻梵王對舍利弗說：「不要有這樣的想法，不要懷疑，以為這佛土是不清淨的。為什麼呢？在我看來，釋迦牟尼的佛土清淨得有如自在天宮一般。」舍利弗說：「我只看到這地方高低不平，到處是丘陵坑坎，長滿荊棘毒刺，遍布沙礫土石，充溢著汙穢臭惡。」螺髻梵王說道：「這只是因為仁者您心中有高下之分，不依憑佛的智慧去看待世界，才會覺得這佛土是不清淨的啊。舍利弗，在菩薩眼中，一切眾生都是平等的。菩薩的心意深固清淨，依憑了佛的智慧，因此能夠看到佛土的莊嚴清淨。」

於是佛祖伸出腳趾按捺大地，立刻顯現出三千大千世界，都以無數珍寶精美裝飾，如同寶莊嚴佛具備無量功德的寶莊嚴土一般。一切大眾都讚歎這是未曾有過的奇蹟，並且發現自己坐在蓮花寶座上。於是佛告訴舍利弗：「你來看這佛土的莊嚴清淨！」舍利弗說：「是的，世尊。佛土的莊嚴清淨本來是我所看不見也聽不到的，而現在完全顯現在眼前。」佛對舍利弗道：「我的佛國國土從來都是如此清淨，只是為了度化那些下劣愚頑的眾生，才顯示出這穢惡的不清淨土而已。譬如眾天神用同一個寶器進食，卻會由於他們福緣功德的不同而顯現出飯色的差異。就是這樣，舍利弗。如果是心意清淨的人，就能看得見佛土清淨。」

當佛現此國土嚴淨之時，寶積所將❶五百長者子皆得無生法忍❷，八萬四千人皆發阿耨多羅三藐三菩提心。佛攝❸神足，於是世界還復如故。求聲聞乘❹者三萬二千天及人，知有為法❺皆悉無常❻，遠塵離垢，得法眼淨❼。八千比丘不受諸法，漏❽盡意解❾。

【注釋】❶將　帶領。❷無生法忍　認識到世界的本質而安忍不動，即上文所說的「無所得不起法忍」。

❸攝　收回；收藏。❹聲聞乘　佛教三乘為聲聞乘（弟子乘）、辟支佛乘（緣覺乘）和菩薩乘。菩薩乘為大乘，相對地，聲聞乘和辟支佛乘則為小乘。聲聞乘指佛之弟子親聆佛陀教導，因而領悟四諦之理，證入涅槃。聲聞弟子在佛道中為最下根。辟支佛觀飛花落葉而悟無常，觀十二因緣之理而斷惑，辟支佛乘在三乘中為中乘。以上兩者皆重視自身悟理證果，菩薩乘則以普度眾生為宗旨。❺有為法　憑藉因緣而生的事物，稱為有為法。自在自為，非由因緣所生的事物，稱為無為法。❻無常　佛教的基本觀念，認為一切都在瞬息間生滅流轉，沒有恆常不變的事物。❼法眼淨　能洞察萬法本性，稱為法眼淨。法眼，五眼之一，指菩薩洞察本性的智慧。❽漏　煩惱。❾解　解脫。

【語　譯】當佛展現出佛國國土的莊嚴清淨之時，寶積所帶領的五百長者之子都獲得無生法忍，同時有八萬四千人發起求取無上正等正覺之心。佛祖收回神足，世界就恢復到原來的形象。於是求聲聞乘的三萬二千天神和人眾，由此認識到有為法都是無常無住的，他們遠離塵垢，得清淨法眼。八千比丘不受世間塵染，了盡煩惱，獲得解脫。

方便品第二

【題解】自本品始，維摩詰現身。他是一位深刻了悟佛理又方便入世教化眾生的居士，本品開篇描寫的就是維摩詰的這一特點：「雖為白衣，奉持沙門，清淨律行」，「游諸四衢，饒益眾生」。本品隨後的部分，刻劃了維摩詰設方便法門，示現有疾，藉眾人來探病的機緣，宣說人生無常、苦、空的佛理，引導人們嚮往追求佛法真諦。

爾時，毗耶離大城中有長者名維摩詰❶，已曾供養無量❷諸佛，深殖善本❸，得無生忍，辯才無礙，游戲神通❹，逮諸總持，獲無所畏。降魔勞怨，入深法門，善於智度，通達方便，大願❺成就。明了眾生心之所趣，又能分別諸根利鈍。久於佛道，心已純淑❻，決定❼大乘。諸有所作，能善思量，住佛威儀。心如大海。諸佛咨嗟❽，弟子、釋、梵、世主❾所敬。

欲度人故，以善方便居毗耶離。資財無量，攝諸貧民；奉戒清淨，攝諸毀禁；以忍調行，攝諸恚怒；以大精進，攝諸懈怠；一心禪寂，攝諸亂意；以決定慧，攝諸無智[10]。雖為白衣[11]，奉持沙門[12]，清淨律行[13]；雖處居家，不著三界[14]；示有妻子，常修梵行[15]；現有眷屬，常樂遠離[16]。雖服寶飾，而以相好嚴身；雖復飲食，而以禪悅[17]為味。若至博奕戲處[18]，輒以度人。受諸異道，不毀正信。雖明世典，常樂佛法。一切見敬，為供養中最。執持正法，攝諸長幼。一切治生諧偶[19]，雖獲俗利，不以喜悅。游諸四衢[20]，饒益眾生。入治政法，救護一切；入講論處[21]，導以大乘；入諸學堂，誘開童蒙；入諸淫舍[22]，示欲之過；入諸酒肆，能立其志。若在長者，長者中尊，為說勝法；若在居士，居士中尊，斷其貪著；若在剎利[23]，剎利中尊，教以忍辱；若在婆羅門[24]，婆羅門中尊，除其我慢[25]；若在大臣，大臣中尊，教以正法；若在王子，王子中尊，示以忠孝；若在內官，內官中尊，化正宮女；若在庶民，庶民中尊，令與福力；若在梵天，梵天中尊，誨以勝慧；若在帝釋，帝釋中尊，示現無常；若在護世㉖，護世中尊，護諸眾生。

【注釋】❶維摩詰　或譯「毗摩羅詰」，實當譯為「阿費摩羅」（窺基《說無垢稱經疏》），意譯為「淨名」、「無垢稱」，為本經的主要人物。❷無量　無數。❸殖善本　殖，或作「植」，種植、增長的意思。善本，或稱善根，善業的根本。❹游戲神通　指任意運用神通力，變化自如。神通，五種通（道通、神通、依通、報通、妖通）之一，指神祕而通達無礙的力量，是佛、菩薩、羅漢等凝心修定所得，有五通、六通、十通等不同說法。❺大願　指追求佛道，救度眾生的根本誓願。❻純淑　精純深厚，或作「純熟」。❼決定　必定；沒有差失。❽咨嗟　嗟歎；讚歎稱頌。❾弟子釋梵世主　弟子，指佛的弟子。釋，指天帝釋，欲界中六重天之忉利天之主。梵，指色界之大梵天王。世主，護世之主，指四大天王，參見㉖。❿資財無量十二句　說維摩詰施行布施、持戒、忍辱、精進、禪定、智慧六度。⓫白衣　即在家的俗人，古印度婆羅門和俗人多著白衣。出家沙門則著緇衣或染衣。⓬沙門　或譯「桑門」，意譯為「息心」、「靜志」等，泛指一切出家修行的宗教徒。⓭律行　即戒律的規條。律，音譯為「優婆羅叉」，意為法規。⓮三界　眾生生死來往於三界域中：一、欲界，有二欲（淫欲及食欲）的眾生所居，上至六欲天，中至人界四天下，下至無間地獄。二、色界，脫離二欲的眾生所居，在欲界之上，根據禪定的深淺精粗分為四級，為色界四禪天。三、無色界，其中無色相無物質，只以心識住於深妙禪定之境，在色界之上，又有四天，稱為四無色或四空處。⓯梵行　斷絕淫欲的清淨之行。梵，意為清淨。⓰遠離　遠離生死塵世，趨向涅槃寂滅。⓱禪悅　從禪定中感受到的愉悅。⓲博奕戲處　賭博戲樂的場所。⓳治生諧偶　治生，經營謀生。諧偶，順利。⓴四衢　四通八達的大街。㉑講論處　僧肇注：「天竺多諸異道，各言己勝，故其國別立論堂，欲辯其優劣。諸欲明己道者，則聲鼓集眾，詣堂求論，勝者為師，負者為資。」據此，講論處為印度各教派論辯學術的場所。㉒淫舍　妓院之類的娛樂場所。㉓剎利　即剎帝利。印度四種姓從高到低為婆羅門、剎帝利、吠舍、首陀羅。婆羅門是祭司貴族，剎帝利是王室武士階層，吠舍是從事商業的平民，首陀羅是奴隸階層。㉔婆羅門　見上注。㉕我慢　傲慢自大。㉖護世　指護世四天王（即上文所說的世主）。四天王是帝釋部屬的大將，居於須彌山半腰的四王天（六欲天第一天），分別護持一天下。東方持國天王，南方增長天王，西方廣目天王，北方多聞天王。

【語　譯】在那時，毗耶離大城裏有位長者，名叫維摩詰。他已經供養過無數諸佛，種下了深厚的善根。他已經獲得無生法忍，成就七辯才，無人能將他難倒。他具備六種神通，遊戲三界往來自在。他達到了所有的總持，獲得了四種無畏。他降伏煩擾人心的四魔，進入精深玄奧的佛法之門。他善於以智慧度人，通達各種方便法門，圓滿達成度化眾生的廣大誓願。他明瞭眾生的心意所向，又善於分辨眾生悟道根性的利鈍。他長期地修煉佛法，心意已經精純圓熟，堅定地尊奉大乘。他的所有言行都經過縝密的思考，符合佛的威儀。他的內心廣大清淨淵深，猶如大海。他為諸佛所讚歎，受到了佛弟子、帝釋天、梵天王以及護世天王們的禮敬。

為了超度世人，維摩詰運用完美的方便法門，居住在毗耶離城中。他有無限量的財富，周濟眾多的貧民；他奉持戒律言行清淨，引導眾人不觸犯禁戒；他的態度安忍和順，使人們不生怨怒；他精進修行，以此鼓舞懶惰鬆懈的人；他內心禪定寂靜，導化心猿意馬的煩惱眾生；他以堅牢真實的智慧，教化愚昧無知的世人。他雖然只是白衣居士，卻奉持出家沙門的清淨戒律；他雖然過著世俗的家居生活，卻不會對三界的惑染起執著之心；他雖然有妻有子，卻堅持清淨修行；他雖然也有眷屬親戚，卻享受到遠離塵世的快樂。他雖然穿戴珍寶衣飾，卻以信持佛法的美好像儀來裝點自身；他雖然也進食飲水，卻只沉浸在禪定所生的悅樂之味中。每當他來到賭博遊戲的場所，總是方便說法，度化沉迷享樂的世人。他雖然也接受外道的學說，卻不損害其對佛法的信仰；他雖然通曉俗世的學問典籍，卻只在佛法中感受到長久的快樂。他受到一切眾生的禮敬，在受供養者中居於最上位。他修持正法，教化老少尊卑各階層無所分別。他所作的一切經營事業都順利興隆，但他雖然獲得世俗的收益，卻並不因此而得意滿足。他在街市大道上遊玩，那是為了幫助有需要的民眾。他為了救護世人而參與政治法律事務；他進入外道集中講法的論堂，以大乘真理引導他們；他進入學校，誘導學童們使之開悟；他進入妓院，那是為了顯示色欲的罪過；他也進入酒館等遊樂場所，那是為了勸導世人正信立志。在長者之中，他受到長者們的尊重，為他們講說盡善盡美的佛法；在居士之中，他受到居士們的尊重，幫助他們斷除貪念；在剎帝利之中，他受到剎帝利的尊重，教導他們忍受侮辱而不發怒；在婆羅門之中，他受到婆羅門的尊重，消除他們的傲慢自滿之心；在大臣之中，他受到大臣們的尊重，教導他們治國處政的法理；在王子之中，他受到王子們的尊重，向他們演示忠孝的道理；在內官之中，他受到內官們的尊重，教化宮女，使之貞正而不淫邪；在一般民眾之中，他受到一般民眾的尊重，教導他們行善積福；在梵天之中，他受到梵天的尊重，教給他們超出尋常的智慧；在帝釋天之中，他受到帝釋天的尊重，為他們展示一切無常的真諦；在護法天王之中，他受到護法天王的尊重，因為他護佑一切眾生。

長者維摩詰，以如是等無量方便，饒益眾生。其以方便，現身有疾。

以其疾故，國王、大臣、長者、居士、婆羅門等，及諸王子并餘官屬無數千人，皆往問疾。

其往者，維摩詰因以身疾，廣為說法：「諸仁者！是身無常無強，無力無堅。速朽之法，不可信也。為苦為惱，眾病所集。諸仁者，如此身，明智者所不怙❶。是身如聚沫，不可撮摩；是身如泡，不得久立❷；是身如焰，從渴愛生❸；是身如芭蕉，中無有堅❹；是身如幻❺，從顛倒起；是身如夢，為虛妄見；是身如影，從業緣❻現；是身如響❼，屬諸因緣；是身如浮雲，須臾變滅；是身如電，念念不住❽。是身無主，為如地；是身無我❾，為如火；是身無壽❿，為如風；是身無人，為如水。是身不實，四大⓫為家；是身為空，離我我所⓬；是身無知，如草木瓦礫；是身無作，風力所轉；是身不淨，穢惡充滿。是身為虛偽，雖假以澡浴衣食，必歸磨滅；是身為災，百一病惱⓭；是身如邱井，為老所逼⓮；是身無定，為要當死。是身如毒蛇、如怨賊、如空聚，陰界諸入所共合成⑮。

「諸仁者！此可患厭⑯，當樂佛身⑰。所以者何？佛身者，即法身也。從無量功德智慧生，從戒、定、慧、解脫、解脫知見⑱生，從慈、悲、喜、捨⑲生，從布施、持戒、忍辱柔和、勤行精進、禪定解脫三昧、多聞智慧諸波羅蜜⑳生，從方便生，從六通㉑生，從三明㉒生，從三十七道品生，從止觀㉓生，從十力、四無所畏、十八不共法生，從斷一切不善法、集一切善法生，從真實生，從不放逸生，從如是無量清淨法生如來身。諸仁者！欲得佛身，斷一切眾生病者，當發阿耨多羅三藐三菩提心。」

如是，長者維摩詰為諸問疾者如應㉔說法，令無數千人皆發阿耨多羅三藐三菩提心。

【注釋】❶不怙　不可依靠。❷久立　長久存在。❸是身如焰二句　這二句是說：這身體猶如春天的陽焰。陽焰只是虛假的幻象，由鹿對水的渴求而產生；人的身體也同樣是虛假的幻象，由於對愛欲的渴求而呈現。焰，即陽焰。春夏之時，陽光映照原野，塵埃浮動，稱為陽焰。渴鹿見陽焰，以為是水而奔走趨向，卻始終無法飲到。陽焰的比喻，大體與俗說的海市蜃樓相似。❹是身如芭蕉二句　這二句是說：這身體猶如芭蕉樹幹，只是四大因緣聚合而成，並無自身堅實的主體。芭蕉，芭蕉樹幹可以層層剝去，最終空無一物。❺幻　指魔術師所變的幻人。❻業緣　業是有所造作的意思。善業為招樂果之因緣，惡業為招苦果之因緣，一切有情都從業緣而生。❼響　指聲音的回響。❽念念不住　即使在兩次轉念之間也無法停住，表示變化極快。❾無我　萬法都由因緣所生，因此並沒有一個主觀內在的「我」在指揮自身的行動。❿無壽　不得長壽。⓫四大　指地、水、火、風。這四種元素無所不在，是構成世界的基本要素。⓬離我我所　我，即主觀內在的「自我」。與「我」相對的是「我所」。如果有主宰內心的「我」，那麼就有從屬於我，作為「我」的對象的客觀外界，這就是「我所」。無論是主觀內在的「我」，還是客觀外在的「我所」，都是虛幻不實的，其區別只是由人的偏見而產生，這就是「離我我所」。⓭是身為災二句　這二句是說：這身體是災害的淵藪，只要四大中有一種元素損壞，便被一百零一種疾病所困擾煩惱。佛教認為，四大中只要有某一種元素損壞，便產生一百零一種疾病，四大皆壞則有四百零四種病。⓮是身如丘井二句　這二句是說：這身體猶如容易崩壞的丘墟枯井，時刻被衰老所催逼。丘井，丘墟枯井。⓯陰界諸入所共合成　陰，五陰，通譯「五蘊」。陰是積聚的意思，蘊是蘊涵聚集的意思。一切有為法，都是由五蘊積聚而成：一、色蘊，包括五根五境等一切有形物質。二、受蘊，即心對外界的接受和感覺。三、想蘊，為心對外界的反映判別，並由此而產生觀念和理性活動。四、行蘊，心對外界的意志活動。五、識蘊，內心對外界的根本認知判斷，統一以上四蘊。界，十八界。眼、耳、鼻、舌、身、意，六種感知外界的官能稱為「六根」(前五者為五根)；與之相應地，被感知的外界分別為色、聲、香、味、觸、法，稱為六境(或稱六塵)；以具備感知能力的六根去感知六境，而得眼、耳、鼻、舌、身、意六識。六根、六境再加六識，共有十八個界域，稱為「十八界」。入，十二入。六根為內六入，六境為外六入，合為十二入。鳩摩羅什在釋此經時，說了一個故事，附錄於下，以助理解：「昔有人得罪於王，王欲密殺。篋盛四毒蛇，使其守護，有五怨賊拔刀守之。

善知識語之令走，其人即去，入空聚落，便於中止。知識復言：『此處是惡賊所止，若住此者，須臾惡賊至，喪汝身命，失汝財寶。宜速捨離，可得安隱。』其人從教，即便捨去。復見大水，縛筏而渡，渡已安隱，無復眾患。」其中，四毒蛇即指四大，五怨賊指五陰。空聚謂空荒無人居住的村落。⑯患厭　憂慮厭棄。⑰佛身　佛身有二種，為法身、化身（或以法身為法身、報身，以化身為生身，則有三身）。法身是佛之真身，與宇宙本質融合無間，超越一切而又是一切的憑據。化身則是佛方便變化以度人的形體。法身是獨一無二的本體，而化身表現為過去現在未來十方諸佛。⑱戒定慧解脫解脫知見　由戒、定、慧、解脫、解脫知見五種功德法修成佛身，故合稱「五分法身」。⑲慈悲喜捨　即四無量心，為佛、菩薩對眾生之心願，分別是：使眾生快樂，拔除眾生之苦，隨喜眾生之功德，捨棄怨親差別而平等利益眾生。⑳波羅蜜　意譯為「到彼岸」。「六波羅蜜」即布施、持戒、忍辱、精進、禪定、智慧六度。㉑六通　指以下六種神通：一、神境智證通。二、天眼智證通。三、天身智證通。四、他心智證通。五、宿命智證通。六、漏盡智證通。其中前五種神通稱五通，為有漏通，煩惱未盡；第六種為漏盡通，煩惱滅盡。㉒三明　一、宿命明，知自身他身在過去世的生死因緣。二、天眼明，知自身他身在未來世的生死因緣。三、漏盡明，知道現在世之苦相，能斷絕一切煩惱的智慧。㉓止觀　或譯「定慧」。止，停留止息的意思，指留於真理，止息妄念。觀，觀照洞察的意思，指通達智慧，觀照真諦。㉔如應　依照對方的需要。

【語　譯】長者維摩詰，以這樣無窮無盡的方便智巧來使眾生得益。他又運用方便法門，向世人顯示他身體得病。由於維摩詰患病的緣故，國王、大臣、長者、居士、婆羅門等，還有各位王子，以及其餘的官員數千人，都前去探問病情。

面對這些前來探病的人眾，維摩詰就以自己身體的疾病為因由，向他們廣說佛法：「各位仁德長者啊，這樣的身體變化無常，不夠堅強，也沒有力量，並不堅牢。這只是轉眼間就要朽壞的形相，不可信賴依靠。它遭受苦痛煩惱，是各種疾病集中的淵藪。各位仁德長者啊，像這樣的身體，是明達智慧者所不依憑貪戀的。這身體如同聚集的水沫，無法觸摸拈取；這身體如同漂浮的水泡，不能長久存在；這身體如同陽光灼燒下出現的幻景，從對五欲的渴求中產生；這身體如同芭蕉樹，疏空層累而成，沒有堅固的實體；這身體如同魔術師製造的幻象，由於真假顛倒而存在；這身體如同迷夢，只是虛無的假象；這身體如同日照下的陰影，是造業的果報；這身體如同聲音的回響，是各種因緣聚合的衍生；這身體如同浮雲，瞬息之間就變化消失；這身體如同電光，連一轉念的時間也不能留駐。這身體沒有自在恆常的主宰，就像大地一樣；這身體沒有實體性的『我』，就像火焰一樣；這身體沒有長久的壽命，就像飄風一樣；這身體沒有堅直不變、一致可信的形體和人格，就像流水一樣。這身體是不真實的，只是四大所集合的容器；這身體是空虛無物的，既不屬於主宰身體的『我』，也不屬於『我』之外的客觀存在；這身體並無真實的知覺，猶如草木瓦礫；這身體也沒有自主的行為，猶如被風所吹動而旋轉；這身體是不清淨的，充滿了汙穢醜惡；這身體又是虛偽的，即使沐浴穿衣飲食來加以護養，也必定歸於磨滅；這身體是災病的會聚，只要四大中任何一種元素損壞，就會被一百零一種疾病所困擾；這身體如同廢墟枯井，受到衰老朽壞的威脅；這身體沒有確定的命運，但最終總要與死亡相遇；這身體像毒蛇，像仇家，像空荒無人的村落，只是五陰、十八界和十二入的組合。

「各位仁德長者啊，這樣的身體是令人憂慮厭棄的，你們應當對佛身感到安樂。為什麼呢？佛身，就是法身啊。佛身從無限量的功德智慧中產生，從戒、定、慧、解脫和解脫知見等五分法身中產生，從慈、悲、喜、捨四無量心中產生，從布施、持戒、忍辱、精進、禪定、智慧等六度中產生，從方便度人中產生，從六通中產生，從三明中產生，從三十七道品中產生，從止觀中產生，從十力、四無所畏、十八不共法中產生，從斷滅一切不善法、修習一切善法中產生，從真實中產生，從不放縱懈怠中產生。如來的佛身，是從這樣無窮無盡的清淨法門中產生的。各位仁德長者啊，你們要得到佛身，斷除一切眾生的疾病，就應當發心求無上正等正覺。」

像這樣，長者維摩詰應眾多探病者的需求，為他們說法，令這數千人都發起求取無上正等正覺之心。

弟子品第三

【題解】本品中，佛的弟子一一迴避前往探問維摩詰病況的使命，他們逐次向佛解說了以往與維摩詰的交往，在後者的滔滔雄辯之下，這些弟子紛紛不堪應對，為維摩詰圓通無礙的辯才所折服。本品中述及的佛之弟子共有十人，他們在智慧、神通、頭陀、解空、說法、論議、持律、天眼、多聞、密行等方面各擅其長，當初他們所實踐的坐禪、乞食、說法、解律、神通等等，在一般的修行者看來正是應該努力實行的；而在維摩詰的批判中，他們都僅僅是片面把握了佛法的一端而已。以維摩詰的視野而言，真諦在於超越世間和出世間之別、超越喋喋不休的言說宣教、秉持平等之心、勇敢面對塵染、還歸清淨本心、認識法身的絕對完滿。

爾時，長者維摩詰自念：「寢疾❶於床，世尊大慈，寧不垂愍❷？」

佛知其意，即告舍利弗：「汝行詣❸維摩詰問疾。」舍利弗白佛言：

「世尊，我不堪任❹詣彼問疾。所以者何？憶念我昔，曾於林中宴坐❺樹下。時維摩詰來謂我言：『唯❻！舍利弗，不必是坐為宴坐也。夫宴坐者，不於三界現身意，是為宴坐；不起滅定❼而現諸威儀，是為宴坐；不捨道法❽而現凡夫事，是為宴坐。心不住內亦不在外，是為宴坐；於諸見不動❾而修行三十七品，是為宴坐；不斷煩惱❿而入涅槃⓫，是為宴坐。若能如是坐者，佛所印可⓬。』時我，世尊，聞說是語，默然而止，不能加報⓭。故我不任詣彼問疾。」

【注釋】❶寢疾　臥病在床。❷寧不垂愍　寧不，難道不。垂愍，加以憐憫。❸詣　前往；到某處。❹堪任　勝任；可以擔任。❺宴坐　即坐禪，以靜坐來使心意安定的修行方式。❻唯　發語詞，相當於「呵」。❼滅定　通稱「滅盡定」，是已得阿那含果（聲聞乘第三層果位）的聖者所修的禪定，滅盡六識（眼耳鼻舌身意）心、心所。❽道法　修行佛法。❾諸見不動　諸見，指六十二見，泛指人對外界的各種觀照方式。不動，不捨棄。❿煩惱　惑亂眾生身心的種種，由貪、嗔、愚等引致。⓫涅槃　即寂滅。佛教修行的終極境界，超越生死輪迴，不生不滅。⓬印可　印證認可。⓭加報　加以應答。

【語譯】當時，長者維摩詰自己想道：「我臥病在床，世尊大慈大悲，難道不加關切憐憫？」

佛瞭解維摩詰的想法，便命舍利弗：「你到維摩詰那裏去探問他的疾病吧。」舍利弗向佛陳言道：「世尊，到維摩詰那裏去探問疾病的事情我不能勝任。為什麼呢？想我過去，曾在林中樹下靜坐禪定。那時維摩詰來對我說：『呵，舍利弗，並非一定要這樣坐著才是靜坐的。說到靜坐，不在三界中顯現身心而超脫形意，這就是靜坐；不從入定中回轉出來卻言行合儀有度，這就是靜坐；不捨離道法而又能進行世俗的生活，這就是靜坐；心意既不馳想外界，也不只是內斂封閉，這就是靜坐；不離棄各種邪見而能夠修行三十七道品，這就是靜坐；不斷除煩惱而又能進入涅槃境界，這就是靜坐。如果能這樣靜坐，就是佛所認可的。』世尊，當時我聽了這些話，默然停止靜坐，無法應答。因此，去維摩詰那裏探病的事情我不能勝任。」

佛告大目揵連❶：「汝行詣維摩詰問疾。」目連白佛言：「世尊，我不堪任詣彼問疾。所以者何？憶念我昔，入毗耶離大城，於里巷中為諸居士說法。時維摩詰來謂我言：『唯！大目連，為白衣居士說法，不當如仁者所說。夫說法者，當如法說❷。法無眾生，離眾生垢故；法無有我，離我垢故；法無壽命，離生死故；法無有人，前後際斷故❸；法常寂然，滅諸相故；法離於相，無所緣故；法無名字，言語斷故；法無有說❹，離覺觀❺故；法無形相，如虛空故；法無戲論❻，畢竟❼空故；法無我所，離我所故；法無分別，離諸識故；法無有比，無相待故；法不屬因，不在緣故；法同法性❽，入諸法故；法隨於如，無所隨故；法住實際，諸邊不動❾故；法無動搖，不依六塵❿故；法無去來，常不住故。法順空⓫，隨無相⓬，應無作⓭。法離好醜，法無增損，法無生滅，法無所歸，法過眼耳鼻舌身心，法無高下，法常住不動，法離一切觀行⓮。唯！大目連，法相如是，豈可說乎？夫說法者，無說無示；其聽法者，無聞無得，譬如幻士為幻人說法，當建是意而為說法。當了眾生根有利鈍，善於知見，無所罣礙，以大悲心讚於大乘，念報佛恩，不斷三寶，然後說法。』維摩詰說是法時，八百居士發阿耨多羅三藐三菩提心。我無此辯，是故不任詣彼問疾。」

【注釋】❶大目揵連　簡稱為目連，佛陀十大弟子之一，稱為「神通第一」。大目揵連在中國演變為民間「目連戲」中的主要人物。❷夫說法者二句　這二句是說：說法應當按照佛法的本質來演說。❸法無有人二句　這二句是說：因為時間的流動並不真實，所以也沒有在輪迴中不變的主體，而是時刻都處在生滅之中。人，僧肇注：「天生萬物，以人為貴，始終不改謂之人。故外道以人名神，謂始終不變。」據此，「人」指生命在輪迴中始終不變的精神主體。前後際，即過去未來。斷，隔斷而不同。❹說　語言。因為動心，所以有語言產生。

❺覺觀　粗思為覺，細思為觀，泛指被外界引動的心思。❻戲論　指一切虛妄不實的言論。❼畢竟　最終；終究。❽法性　和「法相」、「實相」、「如」、「如如」、「真如」、「實際」、「真際」等範疇同義，都指宇宙萬法的本質，但每種說法的偏重角度則有不同。❾諸邊不動　深刻理解世界本質，不被有、無偏見所惑。諸邊，這裏指有、無二邊。邊是邊際之意。一切諸法，說「有」則本性為無，說「無」則因緣聚合而有。❿六塵　即色、聲、香、味、觸、法六境。⓫空　萬物本質為空，並無實體。⓬無相　宇宙本質超脫一切形相。⓭無作　或譯無願，指沒有因緣造作。空無相無作　合稱「三解脫門」，意為通往涅槃之門。⓮觀行　內心對外界的觀察。

【語　譯】佛命大目揵連：「你到維摩詰那裏去探問他的疾病吧。」大目揵連向佛陳言道：「世尊，到維摩詰那裏去探問疾病的事情我不能勝任。為什麼呢？想我當初，曾經進入毗耶離大城，在街巷中為眾多居士說法。當時維摩詰來對我說：『呵，大目揵連，要為白衣居士說法，是不應當像您這樣說的。說到說法，應當按照佛法的本質而演說啊。法否定眾生的惑見，因為法理清淨，脫離了眾生的情緣塵垢；法否認存在自身主宰，因為它脫離了執著於「我」的思想塵垢；法否定壽命，因為它脫離了生死輪迴；法否認在六道中輪迴而始終不變的主體，因為過去、現在、未來之間相隔相斷而沒有連續性；法總是寂靜的，因為它斷滅了各種形相；法超脫各種形相，因為它並沒有與之構成因緣關係的對象；法否定名言，因為超出語言表達的限度；法否定言說，因為超出了思想考慮的限度；法否定外部形態，因為本質虛空；法否定虛誇不實的言論，因為一切最終都歸結於空；法否定一切相對於我的外在存在，因為它遠離此類存在；法否定區別，因為它超離了人的種種分別性識度；法否定相對的比形，因為它超越了相對性而為絕對；法並非是某種先在原因的結果，因為它根本不在因緣法中；佛法的本質即是法性，因為它深入一切事物的本質；法依隨於真如，因為任何他物都不能依隨於它；法居於世界的真實本質之中，因為法的本質是不因有、無偏見而動搖的；法是堅實不搖擺的，因為它不依附於色聲香味觸法六塵；法是無所謂去來的，因為它永遠變動而不靜止；法的本性依循著空無自性、超離分別諸相、不造作因緣的真理；法脫離了外形的美醜；法不會增多或減少，也沒有產生和消亡；法沒有歸向的去處，超越了眼耳鼻舌身心六根的感知；法沒有高低之分，總是真實堅牢不可動搖；法超越一切拘執分別偏見的觀察。呵，大目揵連。法的本質是這樣的，怎麼能說呢？說到說法，應當既不演說，也不展示；聽法的人什麼也聽不到，什麼也看不到，就像魔術師為他所變出的幻人說法一樣，應當要以這樣的態度說法。應當明瞭眾生悟道之根各有利鈍，應當深刻地領會法理，沒有任何的疑難，應當發起大悲之心來稱頌大乘佛法，應當想到要回報佛祖的恩惠，要繼承弘揚佛、法、僧三寶，然後才能夠說法。』當維摩詰這樣演說佛法時，有八百位居士發起求取無上正等正覺之心。我沒有這樣的辯才，因此去維摩詰那裏探病的事情我不能勝任。」

佛告大迦葉❶：「汝行詣維摩詰問疾。」迦葉白佛言：「世尊，我不堪任詣彼問疾。所以者何？憶念我昔，於貧里而行乞❷。時維摩詰來謂我言：『唯！大迦葉，有慈悲心而不能普，捨豪富從貧乞。迦葉，住平等法，應次行❸乞食；為不食❹故，應行乞食；為壞和合相❺故，應取摶食❻；為不受故，應受彼食；以空聚想，入於聚落。所見色與盲等，所聞聲與響等，所齅香與風等，所食味不分別，受諸觸如智證。知諸法如幻相，無自性，無他性❼，本自不然，今則無滅。迦葉，若能不捨八邪❽入八解脫❾，以邪相入正法。以一食施一切，供養諸佛及眾賢聖，然後可食。如是食者，非有煩惱，非離煩惱；非入定意，非起定意；非住世間，非住涅槃。其有施者，無大福無小福，不為益不為損。是為正入佛道，不依聲聞。迦葉，若如是食，為不空食人之施也。』時我，世尊，聞說是語，得未曾有，即於一切菩薩深起敬心。復作是念：『斯有家名❿，辯才智慧乃能如是，其誰不發阿耨多羅三藐三菩提心？』我從是來，不復勸人以聲聞辟支佛行。是故不任詣彼問疾。」

【注　釋】❶大迦葉　佛陀十大弟子之一，最能苦行，稱為「頭陀第一」。❷行乞　原始佛教制度，比丘不能自己營生，而應以乞食為生。乞食是刻苦自身的修行，也是給予施主布施積福的機會。❸次行　依照經過人家的次序。❹不食　這裏是代指涅槃，因為涅槃是脫離了一切生死寒暑飲食的。❺和合相　指六和合，即六根與六境互相和合而產生相應的六識。或說和合是指五陰和合。❻摶食　揑飯糰取食。❼無自性二句　因為萬物都是因緣聚合而成，因此沒有自身獨有的本性；而聚合成某物的各種元素本身也都是因緣聚合而成，都無自性，因此對於此物來說又是「無他性」。❽八邪　指與八正道相對的八種邪道：邪見、邪思惟、邪語、邪業、邪命、邪精進、邪念、邪定。❾八解脫　或稱「八背捨」，指八種捨棄執著偏見而獲得解脫的禪定。一、內有色想觀外色解脫。二、內無色想觀外色解脫。三、淨解脫。四、空無邊處解脫。五、識無邊處解脫。六、無所有處解脫。七、非想非非想處解脫。八、滅受想定身作證具住。❿家名　在名義上是在家的居士。

【語譯】佛命大迦葉：「你到維摩詰那裏去探問他的疾病吧。」大迦葉向佛陳言道：「世尊，到維摩詰那裏去探問疾病的事情我不能勝任。為什麼呢？想我當初，曾經在貧民區裏乞食。當時維摩詰來對我說：『呵，大迦葉。你有慈悲的心願卻不能普遍平等地施與所有人，不向豪富之家乞食而只向窮人乞食。大迦葉，你應當遵守眾生平等的原則，依照經過的次序乞食；應當為了悟入無關飲食的涅槃而乞食；應當為了破壞六和合的幻相而取食；應當以不執著於施捨與接受的心意來接受施捨；應當視村落市鎮為一無所有，抱著這樣的觀念進入其中乞食。你看見各種美醜事物如同盲人不見；你聽到各種聲響如同山谷回響，虛幻不實；你聞到各種氣味如同流風吹動，無喜無憎；你品嘗各種味道無所分別；你獲得各種觸覺而不沉溺其中，而是用智慧去體認這一切。應當理解世間萬物及其本源都不過是虛幻空相。事物自身由各種元素組成，沒有固定的本性；它的組成元素也同樣沒有固定的本性。它們本來就不存在，更談不上消失滅亡。迦葉，你應當不捨棄八邪而進入八解脫，由邪僻的形相而悟入正法，你應當先將乞取到的每一糰飯食施與一切眾生，供養諸佛和眾位聖賢，然後才自己食用。如果你能夠像這樣乞食，就既不是有煩惱也不是脫離煩惱，既不是入定也不是出定，既不是留駐世間也不是進入涅槃。那些對你施捨的人，由於你平等受施的心意，既不獲得大的福田也不獲得小的福田，既不得益也不受損。這就是進入了佛法的正道，而不是聲聞小乘了。迦葉，你如果能夠像這樣乞食，就不是白白地接受了別人的施捨了。』世尊，當時我聽到這樣的話語，是我從來所未曾聽到過的，當即對一切菩薩發起深深的敬仰之心。我又產生這樣的念頭：『他雖然在名分上是在家居士，卻具有如此雄辯與智慧，那麼還有誰會不發起求取無上正等正覺之心呢？』從那以後，我不再勸人修行聲聞乘和辟支佛乘。因此，去維摩詰那裏探病的事情我不能勝任。」

佛告須菩提❶：「汝行詣維摩詰問疾。」須菩提白佛言：「世尊，我不堪任詣彼問疾。所以者何？憶念我昔，入其舍從乞食。時維摩詰取我鉢盛滿飯，謂我言：『唯！須菩提，若能於食等者，諸法亦等；諸法等者，於食亦等。如是行乞，乃可取食。若須菩提，不斷淫怒痴❷，亦不與俱；不壞於身，而隨一相❸；不滅痴愛，起於明脫❹；以五逆❺相而得解脫，亦不解不縛；不見四諦❻，非不見諦；非得果❼，非不得果；非凡夫，非離凡夫法；非聖人，非不聖人；雖成就一切法，而離諸法相，乃可取食。若須菩提，不見佛，不聞法，彼外道六師——富蘭那迦葉、末伽梨拘賒梨子、刪闍夜毗羅胝子、阿耆多翅舍欽婆羅、迦羅鳩馱迦旃延、尼揵陀若提子❽等，是汝之師，因其出家，彼師所墮汝亦隨墮，乃可取食。若須菩提，入諸邪見，不到彼岸；住於八難，不得無難；同於煩惱，離清淨法，汝得無諍三昧❾，一切眾生亦得是定；其施汝者不名福田，供養汝者墮三惡道；為與眾魔共一手，作諸勞侶，汝與眾魔及諸塵勞等無有異❿；於一切眾生而有怨心；謗諸佛，毀於法，不入眾數⓫；終不得滅度，汝若如是，乃可取食。』時我，世尊，聞此茫然不識是何言，不知以何答，便置鉢欲出其舍。維摩詰言：『唯！須菩提，取鉢勿懼。於意云何？如來所作化人，若以是事詰，寧有懼不？』我言：『不也。』維摩詰言：『一切諸法，如幻化相。汝今不應有所懼也。所以者何？一切言說，不離是相。至於智者，不著文字，故無所懼。何以故？文字性離⓬。無有文字，是則解脫。解脫相者，則諸法也。』維摩詰說是法時，二百天子⑬得法眼淨。故我不任詣彼問疾。」

【注　釋】❶須菩提　或稱大善現，佛陀十大弟子之一，稱為「解空第一」。❷淫怒痴　一般譯為「貪、瞋、痴」。貪是貪欲，瞋是忿怒，痴是愚痴，這三者稱為「三毒」，是三種毒害人心的品性。❸一相　宇宙萬物的本性相同。❹明脫　與痴愛相對。離愚痴為明智，離貪愛為解脫。❺五逆　即五逆罪，又稱五無間罪，指殺父、殺母、殺阿羅漢、刺佛身出血、破和合僧。這是五種最重的罪孽，犯任何一罪則墮入五無間地獄。❻四諦　或稱「四聖諦」、「四真諦」，是聖人所發現的四種真理。一、苦諦，指三界六道種種苦報。二、集諦，指導致苦報的各種煩惱造作。三、滅諦，指涅槃寂滅，從生死輪迴中解脫。四、道諦，指八正道，即獲得寂滅解脫的途徑。❼果　音譯為「頗羅」，即果實。在因緣學說系統中，有因則有果，世間一切有為法，善惡修行，都有相應的果報。❽富蘭那迦葉句　以上即外道六師。古印度在釋迦牟尼時代，除佛教外還有其他婆羅門教以外的教派出現，外道六師是其中重要六派的著名領袖。富蘭那迦葉主張萬物不生不滅，否定善惡業報和因果輪迴。末伽梨拘賒梨子主張定命論，也反對善惡果報。刪闍夜毗羅胝子是詭辯論者，主張不可知論。阿耆多翅舍欽婆羅是順世論的先驅，認為人身由四大合成，死後復歸四大，反對因果輪迴，主張順世享樂。迦羅鳩馱迦旃延主張心、物不滅，傾向於唯物論。尼犍陀若提子是耆那教教祖。❾無諍三昧　深刻領悟空理，無所爭執忿怒的禪定。諍，通「爭」。須菩提在諸弟子中得無諍三昧第一。❿為與眾魔共一手三句　這三句是說：與眾魔怨聯手，與各種塵世勞苦作伴；你與眾魔及各種塵勞一樣，並無差異。魔，四魔。共一手，聯手；結盟。作諸勞侶，與各種勞苦煩惱作同伴，意即處在煩惱之中。⓫謗諸佛三句　這三句總說毀壞三寶。眾，即僧伽。⓬文字性離　語言文字，只是對世界虛假表象的描述，背離了法的真實本性。⓭天子　人間帝王，有諸天庇護，故稱天子。或說，天子即天上的男子。

【語　譯】佛命須菩提：「你到維摩詰那裏去探問他的疾病吧。」須菩提向佛陳言道：「世尊，到維摩詰那裏去探問疾病的事情我不能勝任。為什麼呢？想我當初，曾經進入維摩詰家裏向他乞食。當時維摩詰接過我的飯缽裝滿飯，對我說道：『呵，須菩提。在飲食方面能夠平等對待的人，他對於諸法也是平等對待的；同樣如果對於諸法能夠平等對待的話，他對於飲食也就是可以平等對待的。你要像這樣去乞食，才可以食用這些飯食。須菩提，你應當做到既不斷絕淫怒痴，又並不具備這些品性；不毀壞肉身，而又能夠追隨萬物齊同的一相；不除滅愚痴愛戀的感情，同時就能夠明悟解脫；即使是犯了五逆重罪也能夠解脫，既不是解脫也不被纏縛；並不刻意追求苦集滅道四諦，但也不是對四諦茫昧無所體悟；並不是已經獲得正果，但也不是得不到正果；不是凡人，但也沒有脫離凡人的形體；不是聖人，但也不是沒有到達聖人的境界；雖然深刻洞察一切諸法，卻又不著諸法形跡。如果你能做到這一切，那麼你就可以食用這些飯食。須菩提，如果你能夠不見佛祖不聞佛法，以那外道六師——富蘭那迦葉、末伽梨拘賒梨子、删闍夜毗羅胝子、阿耆多翅舍欽婆羅、迦羅鳩馱迦旃延、尼犍陀若提子——為師，依從他們的學說出家，跟隨他們一同墮入惡道，那麼你就可以食用這些飯食。須菩提，如果你墮入各種邪見之中而不能到達實相彼岸；困住在八難之中而不能到達無難之境；與煩惱伴隨而脫離清淨法門；當你得到無諍三昧時，一切眾生都已得到這樣的禪定；那些對你行施捨的人不能獲得福田，供養你的人墮入三惡道中；你與惡魔聯手，與各種塵世煩惱相伴隨，你與心魔煩惱等同沒有分別；你對一切眾生產生怨恨毒害之心；你毀謗諸佛，毀壞佛法，不能立身於僧伽；你最終無法進入涅槃之境，如果你能做到這樣，那麼你就可以食用這些飯食。』世尊，當時我聽到這樣的話語，茫然不能理解，不知如何回答，便放下飯缽打算離開。這時維摩詰又說道：『呵，須菩提，你拿起飯缽，不必驚懼。你為什麼要這樣呢？如果是如來世尊所變幻的化身，用這樣的話語來詰問你，你會懼怕嗎？』我說：『不會。』維摩詰說：『一切諸法，都不過是虛幻空相。你現在也不必有所畏懼啊。為什麼呢？一切言說都不過是如此的幻相。至於有大智慧的人，是不執著於文字，不被其中的意義所迷惑的，因此他也就無所畏懼。什麼原因呢？文字語言，都是虛假不實，無法說明事物本質的。不依憑文字而直接進入諸法本性，這才是真正的解脫。所謂解脫，就在於脫離語言文字等諸法啊。』當維摩詰這樣說法的時候，有二百位天子得到法眼淨。因此，去維摩詰那裏探病的事情我不能勝任。」

佛告富樓那彌多羅尼子❶：「汝行詣維摩詰問疾。」富樓那白佛言：「世尊，我不堪任詣彼問疾。所以者何？憶念我昔，於大林中，在一樹下，為諸新學比丘說法。時維摩詰來謂我言：『唯！富樓那，先當入定觀此人心，然後說法，無以穢食置於寶器。當知是比丘心之所念，無以瑠璃同彼水精❷。汝不能知眾生根源，無得發起以小乘法。彼自無瘡，勿傷之也❸；欲行大道，莫示小徑；無以大海，內於牛跡❹；無以日光，等彼螢火。富樓那，此比丘久發大乘心，中忘此意，如何以小乘法而教導之？我觀小乘，智慧微淺，猶如盲人，不能分別一切眾生根之利鈍。』時維摩詰即入三昧，令此比丘自識宿命，曾於五百佛所殖眾德本，迴向阿耨多羅三藐三菩提，即時豁然，還得本心。於是諸比丘稽首禮維摩詰足。時維摩詰因為說法，於阿耨多羅三藐三菩提不復退轉。我念聲聞不觀人根❺，不應說法。是故不任詣彼問疾。」

【注　釋】❶富樓那彌多羅尼子　簡稱富樓那，佛陀十大弟子之一，稱為「說法第一」。❷瑠璃水精　瑠璃貴重而水精價賤。窺基《說無垢稱經疏》說：「大乘意樂，如瑠璃寶；小乘意樂，如水精珠。」❸彼自無瘡二句　對於身長毒瘡的病人，應以針刺穿膿瘡治療。這二句是說：這些比丘的大乘之身意並無毒瘡，你就不要妄自用小乘之刺來刺傷他們。❹牛跡　牛的蹄印。❺人根　人的根性。

【語　譯】佛命富樓那彌多羅尼子：「你到維摩詰那裏去探問他的疾病吧。」富樓那彌多羅尼子向佛陳言道：「世尊，到維摩詰那裏去探問疾病的事情我不能勝任。為什麼呢？想我當初，曾經在大森林中的樹下，為眾多新學佛法的比丘說法。當時維摩詰來對我說：『呵，富樓那。你應當首先入定，觀察他們的心意，然後再開始說法。不要把汙穢的食物放到了珍貴的寶器中。你應當瞭解這些比丘心中所想，不要把無價的琉璃混同於低賤的水精。你如果還不能瞭解眾生的根性差別，就不要妄自用小乘法門去引導他們。好比人身上本來沒有長毒瘡，你就不要去挑刺以致傷了他的身體；想要走大路的人，你就不要指引他走小路。不要想將大海容納到牛蹄印中；不要想將明照的日光等同於微弱的螢火。富樓那，這些比丘早已發願修行大乘正法，只是中途忘卻了自己的意願而已，你怎能就用小乘法門去教導他們？在我看來，小乘法門的智慧微小淺陋，就如同盲人一樣，不能分別一切眾生的根性利鈍。』維摩詰隨即進入三昧禪定，使這些比丘回憶起自己過去的宿命，想起他們在過去五百佛時所修的功德，迴轉向對無上正等正覺的追求。他們當即豁然開悟，重新獲得本心。於是眾比丘對維摩詰稽首行禮，以頭面觸碰他的足背。維摩詰就趁勢對他們說法，使他們在追求無上正等正覺的路上不再倒退轉向。我想聲聞乘不能分辨眾生根性的利鈍，不應當再妄自說法。因此，去維摩詰那裏探病的事情我不能勝任。」

佛告摩訶迦旃延❶：「汝行詣維摩詰問疾。」迦旃延白佛言：「世尊，我不堪任詣彼問疾。所以者何？憶念昔者，佛為諸比丘略說法要，我即於後敷演❷其義，謂無常義、苦義、空義、無我義、寂滅義。時維摩詰來謂我言：『唯！迦旃延，無以生滅心行❸說實相法。迦旃延，諸法畢竟不生不滅，是無常義；五受陰洞達空無所起，是苦義❹；諸法究竟無所有，是空義；於我無我而不二，是無我義；法本不然，今則無滅，是寂滅義❺。』說是法時，彼諸比丘心得解脫。故我不任詣彼問疾。」

【注釋】❶摩訶迦旃延　佛陀十大弟子之一，善解經義，稱為「解義第一」。❷敷演　闡述發揮。❸生滅心行　即認為一切有生有滅的心意。心行，心意流轉不息，稱為心行。❹五受陰洞達空無所起二句　這二句的涵義是：小乘認為五陰的存在是苦的根源，大乘則宣揚一切皆空，連合成身心的最基本元素也不過是空，這才是真正的苦。五受陰，即五陰。洞達，作動詞用，即洞察，領悟。❺法本不然三句　寂滅並不是說一切都消滅了；一切本來就是不存在的，當然也就不會有所謂生起或消滅，這才是真正的寂滅。

【語譯】佛命摩訶迦旃延：「你到維摩詰那裏去探問他的疾病吧。」摩訶迦旃延向佛陳言道：「世尊，到維摩詰那裏去探問疾病的事情我不能勝任。為什麼呢？想當初佛祖為眾比丘簡明地講說佛法的精要，我就隨後詳細敷演其中的涵義，說明無常、苦、空、無我、寂滅這些範疇的意義。這時維摩詰來對我說：『呵，迦旃延，不要懷著一切有生有滅的心意來演說實相法吧。迦旃延，世間一切都是不生不滅的，這就是無常的涵義；深刻領悟五受陰本性為空，無所生起，這就是苦的涵義；一切終歸都是虛無，這就是空的涵義；瞭解「我」和「無我」本無所區別，這就是無我的涵義；一切事物原本就是不存在的，因此也就不會結束消亡，這就是寂滅的涵義。』當維摩詰這樣說法的時候，那諸位比丘的內心都獲得解脫。因此，去維摩詰那裏探病的事情我不能勝任。」

佛告阿那律❶：「汝行詣維摩詰問疾。」阿那律白佛言：「世尊，我不堪任詣彼問疾。所以者何？憶念我昔，於一處經行❷。時有梵王名曰嚴淨，與萬梵俱，放淨光明，來詣我所，稽首作禮，問我言：『幾何❸阿那律天眼❹所見？』我即答言：『仁者，吾見此釋迦牟尼佛土三千大千世界，如觀掌中菴摩勒果❺。』時維摩詰來謂我言：『唯！阿那律，天眼所見，為作相❻耶？無作相耶？假使作相，則與外道五通等；若無作相，即是無為，不應有見。』世尊，我時默然。彼諸梵聞其言，得未曾有，即為作禮而問曰：『世孰有真天眼者？』維摩詰言：『有佛世尊，得真天眼，常在三昧，悉見諸佛國，不以二相。』於是嚴淨梵王及其眷屬五百梵天，皆發阿耨多羅三藐三菩提心，禮維摩詰足已，忽然不現❼。故我不任詣彼問疾。」

【注　釋】❶阿那律　佛陀十大弟子之一，稱為「天眼第一」。❷經行　在某個地點盤旋走動的修行方式，其用意是防止坐禪時倦怠欲眠，也為了消食養生。❸幾何　多少。這裏是問阿那律的天眼能看到多遠的範圍。❹天眼　五眼之一，指天人之眼，但修道之人也可通過修行獲得。❺菴摩勒果　僧肇注：「菴摩勒果形似檳榔，食之除風冷。」❻作相　造作而成的幻相。❼不現　不見。

【語　譯】佛命阿那律：「你到維摩詰那裏去探問他的疾病吧。」阿那律向佛陳言道：「世尊，到維摩詰那裏去探問疾病的事情我不能勝任。為什麼呢？想我當初，曾經在某個地方經行，當時有一位梵王名叫嚴淨，他與千萬位梵天一同，放射出清淨明澈的光芒，他們來到我的居所，對我稽首行禮，向我問道：『阿那律，你的天眼能看到多大的範圍呢？』我就答道：『諸位仁德長者，我遍觀這釋迦牟尼佛土中的三千大千世界，就如同看我手掌裏托著的菴摩勒果一般。』這時維摩詰來對我說：『呵，阿那律。天眼所看見的一切，是造作而成的幻相呢，還是沒有造作即有之相呢？假如是造作而成的幻相，那麼天眼通也不過是和外道的五通一樣罷了；如果是沒有造作即有之相，這才是真正的無為，那麼也就不會看見世界遠近精粗的種種諸相啊。』世尊，我當時默然不能應答。那眾位梵王聽到這樣的言論，是他們所從來不曾聽到過的，當即向他行禮問道：『世上到底誰才是真正擁有天眼神通的人呢？』維摩詰答道：『只有如來佛祖，他才是真正得到了天眼神通。他總是處在三昧禪定之中，洞見佛國一切，而不區分種種不同的虛妄表象。』於是嚴淨梵王與他所率領的五百梵天，都發起求無上正等正覺之心，他們在對維摩詰行過頭面觸足的大禮後，忽然之間就消逝不見。因此，去維摩詰那裏探病的事情我不能勝任。」

佛告優波離❶：「汝行詣維摩詰問疾。」優波離白佛言：「世尊，我不堪任詣彼問疾。所以者何？憶念昔者，有二比丘犯律行，以為恥，不敢問佛，來問我言：『唯！優波離，我等犯律，誠以為恥，不敢問佛。願解疑悔，得免斯咎。』我即為其如法解說。時維摩詰來謂我言：『唯！優波離，無重增此二比丘罪。當直除滅，勿擾其心。所以者何？彼罪性不在內，不在外，不在中間。如佛所說：「心垢故眾生垢，心淨故眾生淨。」心亦不在內，不在外，不在中間。如其心然，罪垢亦然，諸法亦然，不出於如。如優波離，以心相得解脫時，寧有垢不？』我言：『不也。』維摩詰言：『一切眾生心相無垢，亦復如是。唯！優波離，妄想是垢，無妄想是淨；顛倒是垢，無顛倒是淨；取我❷是垢，不取我是淨。優波離，一切法生滅不住，如幻如電；諸法不相待，乃至一念不住；諸法皆妄見，如夢如焰，如水中月，如鏡中像，以妄想生。其知此者，是名奉律❸；其知此者，是名善解。』於是二比丘言：『上智❹哉！是優波離所不能及，持律之上而不能說。』我答言：『自捨如來，未有聲聞及菩薩能制❺其樂說之辯。其智慧明達為若此也。』時二比丘疑悔即除，發阿耨多羅三藐三菩提心，作是願言：『令一切眾生皆得是辯。』故我不任詣彼問疾。」

【注　釋】❶優波離　佛陀十大弟子之一，稱為「持律第一」。❷取我　固執於「我」，認為自我的主體實有的觀念。❸奉律　遵守戒律。❹上智　最高的智慧。❺制　勝過；折服。

【語　譯】佛命優波離：「你到維摩詰那裏去探問他的疾病吧。」優波離向佛陳言道：「世尊，到維摩詰那裏去探問疾病的事情我不能勝任。為什麼呢？想當初有兩位比丘觸犯了戒律，自己覺得羞恥，不敢去請佛明示，便來問我說：『呵，優波離。我們觸犯了戒律，實在覺得十分羞恥，不敢去請佛明示。希望您向我們解釋疑難，消滅我們的悔恨，讓我們得以免除這罪咎。』於是我就依照戒律，為他們解說罪過的輕重和悔過的方法。這時維摩詰來對我說：『呵，優波離，不要進一步加深這兩位比丘的罪過。你應當直接除滅他們心中的疑慮悔恨，不要以判定罪名來擾亂他們的心意清淨。為什麼呢？罪既不在我身內，也不在我身外，更不在內外之間。正如佛祖所說：因為人心中有塵垢罪孽，眾生才有塵垢罪孽；如果心中清淨無罪，眾生也就清淨無罪。心也是既不在身內，也不在身外，更不在內外之間。因為心是如此，所以罪也是如此，世間一切莫不如此，都不離宇宙之本質。正如優波離你，當以清淨心得解脫之時，心中曾被罪垢汙染嗎？』我答道：『不曾。』維摩詰說道：『一切眾生心中清淨無垢，也正如你一樣啊。呵，優波離。妄想是汙垢，不妄想是清淨；顛倒是汙垢，不顛倒是清淨；執著於自我是汙垢，通達於無我才是清淨。優波離，世間一切都是隨生隨滅，流轉不息，如同幻影又如同閃電；一切事物的流變並不等待其它事物，迅速到了連一轉念的時間都不能停留的地步；一切都不過是虛妄的現象，如同迷夢又如同陽焰，如同水中的明月，又如同鏡中的映相，不過是從虛妄的想像中產生。那領悟到這些真理的人，才能稱為是奉持戒律；那領悟到這些真理的人，才能稱為是透徹地理解了佛法。』於是那兩位比丘感歎道：『這真是高明的智慧啊！這是優波離所比不上的。優波離雖然是奉持戒律最精嚴的人，卻也不能說出這樣的至理。』我回答道：『除了如來，再也沒有聲聞弟子或者菩薩能夠折服這樣充滿智慧的議論了。維摩詰的智慧明達是到了這樣的地步啊。』當時兩位比丘迅即消除了疑惑和悔恨的心情，發起了求取無上正等正覺之心，立下誓願說：『希望一切眾生都得到這樣的雄辯智慧。』因此，去維摩詰那裏探病的事情我不能勝任。」

佛告羅睺羅❶：「汝行詣維摩詰問疾。」羅睺羅白佛言：「世尊，我不堪任詣彼問疾。所以者何？憶念昔時，毗耶離諸長者子來詣我所，稽首作禮，問我言：『唯！羅睺羅，汝佛之子，捨轉輪王❷位，出家為道。其出家者，有何等利？』我即如法為說出家功德之利。時維摩詰來謂我言：『唯！羅睺羅，不應說出家功德之利。所以者何？無利無功德，是為出家。有為法者，可說有利有功德；夫出家者為無為法，無為法中無利無功德。羅睺羅，出家者，無彼無此，亦無中間；離六十二見❸，處於涅槃；智者所受，聖所行處；降伏眾魔、度五道、淨五眼❹、得五力、立五根；不惱於彼，離眾雜惡；摧諸外道，超越假名❺；出淤泥，無繫著；無我所，無所受，無擾亂；內懷喜，護彼意；隨禪定，離眾過。若能如是，是真出家。』於是維摩詰語諸長者子：『汝等於正法中，宜共出家。所以者何？佛世難值。』諸長者子言：『居士，我聞佛言：父母不聽，不得出家。』維摩詰言：『然。汝等便發阿耨多羅三藐三菩提心，是即出家，是即具足。』爾時，三十二長者子皆發阿耨多羅三藐三菩提心。故我不任詣彼問疾。」

【注釋】❶羅睺羅　或作「羅怙羅」，釋迦牟尼之子，出家後為佛陀十大弟子之一，稱為「密行第一」。❷轉輪王　為傳說中有大威德的統治者，轉動寶輪降伏四方。佛教認為，佛出家為法輪王，若不出家則為轉輪王，統治一四天下；羅睺羅若不出家，則統治一閻浮提世界。❸六十二見　指種種外道的邪見。❹五眼　一、肉眼，為肉身所有之眼。二、天眼，為色界天人所有之眼，可由修行禪定獲得，不論遠近內外晝夜都洞見無礙。三、慧眼，修行聲聞緣覺二乘者能洞見真空無相之理，稱為慧眼。四、法眼，菩薩為度眾生而照見一切法門的智慧，稱為法眼。五、佛眼，為佛陀之眼，照見世界本質，總括前四眼。❺假名　一切名稱概念敘述虛假不實，名稱之下並無實體，因此稱為假名。

【語　譯】佛命羅睺羅：「你到維摩詰那裏去探問他的疾病吧。」羅睺羅向佛陳言道：「世尊，到維摩詰那裏去探問疾病的事情我不能勝任。為什麼呢？想當初毗耶離城中眾位長者之子來到我的居所，對我稽首行禮，向我問道：『呵，羅睺羅。你是如來佛祖之子，卻捨棄了轉輪王位的尊榮而出家修道。到底出家會給你帶來什麼好處呢？』我當即依照佛法為他們演說出家所獲得的功德利益。這時維摩詰來對我說：『呵，羅睺羅，你不應當對他們演說出家所獲得的功德利益。為什麼呢？沒有利益也沒有功德，這才是真正的出家啊。修行有為法的人，可以談論獲得利益功德的事情；出家卻是修行無為法，而無為法是無關乎利益和功德的。羅睺羅！所謂出家，不執著於此，也不執著於彼，同樣不執著於彼此之間；是脫離了六十二種邪見，處於涅槃的境界；這是有智慧者所領受的正法，是聖人所實踐修行的；是能夠降伏魔怨，超脫五道輪迴，清淨五眼，獲得五力，立下五根的法門；不為世俗因緣的侵擾而煩惱，擺脫一切罪惡；摧毀各種外道邪說，超越虛假的名稱表象而直接抵達本質；脫離貪欲的淤泥，不再對外物執著纏擾；沒有對主觀自我和客觀世界的區分，也沒有自我對客觀事物的接受，不因心緒流動而受到外物的擾亂；內心懷著平靜的喜悅，善於隨順護持眾生的心意；依隨禪定寂靜而擺脫各種過失。如果能夠做到這樣，才是真正的出家啊。』於是維摩詰對眾位長者之子說：『你們應當信持佛法，一同出家。為什麼呢？因為佛祖在世的這個時代是很難遇到的啊。』眾位長者之子說道：『居士，我聽說佛說過：如果父母不允許的話，是不能出家的。』維摩詰答道：『對。你們就發起求無上正等正覺之心吧。這就是出家了，這就已經圓滿充分了。』當時，三十二位長者之子都發起求無上正等正覺之心。因此，去維摩詰那裏探病的事情我不能勝任。」

佛告阿難❶：「汝行詣維摩詰問疾。」阿難白佛言：「世尊，我不堪任詣彼問疾。所以者何？憶念昔時，世尊身有小疾，當用牛乳，我即持鉢詣大婆羅門家門下立。時維摩詰來謂我言：『唯！阿難，何為晨朝持鉢住此？』我言：『居士，世尊小有疾，當用牛乳，故來至此。』維摩詰言：『止，止！阿難，莫作是語。如來身者，金剛之體，諸惡已斷，眾善普會，當有何疾？當有何惱？默往！阿難。勿謗如來，莫使異人聞此麤言❷，無令大威德諸天及他方淨土諸來菩薩得聞斯語。阿難，轉輪聖王以少福故，尚得無病，豈況如來無量福會普勝者哉？行矣，阿難。

勿使我等受斯恥也。外道梵志❸若聞此語，當作是念：何名為師？自疾不能救，而能救諸疾人？可密速去，勿使人聞。當知！阿難。諸如來身即是法身，非思欲身。佛為世尊，過於三界。佛身無漏，諸漏已盡。佛身無為，不墮諸數。如此之身，當有何疾？』時我，世尊，實懷慚愧：得無近佛而謬聽耶？即聞空中聲曰：『阿難，如居士言。但為佛出五濁❹惡世，現行斯法度脫眾生。行矣，阿難。取乳勿慚。』世尊，維摩詰智慧辯才為若此也。是故不任詣彼問疾。」

【注　釋】❶阿難　或稱阿難陀，佛陀十大弟子之一，稱為「多聞第一」。❷麤言　粗陋的語言。麤，通「粗」。❸梵志　有三義：一、志求生於梵天者。二、在家的婆羅門。三、一切出家的外道。這裏是第三種涵義。❹五濁　一、劫濁，生當其餘四濁之世。二、見濁，在劫濁之世，眾生邪見迷惑，不見正道。三、煩惱濁，貪瞋痴等一切煩惱盛行。四、眾生濁，當劫濁之世，眾生煩惱迷惑，心鈍體弱，苦多福少。五、命濁，壽命短促。

【語　譯】佛命阿難：「你到維摩詰那裏去探問他的疾病吧。」阿難向佛陳言道：「世尊，到維摩詰那裏去探問疾病的事情我不能勝任。為什麼呢？想當初世尊曾經身體染上小病，需要喝牛奶，因此我拿了缽盂到大婆羅門的門前乞討。這時維摩詰來對我說：『呵，阿難，你一大早拿著缽盂站在這裏幹什麼呢？』我答道：『居士，世尊身染小病，要喝牛奶，我因此來到這裏乞討。』維摩詰道：『停！停！阿難，不要說這樣的話。如來法身是金剛不壞之體，已經斷滅了各種惡業，是各種善業的聚會之所，還會有什麼疾病，會有什麼煩惱呢？閉嘴離開吧，阿難。不要毀謗如來，不要讓外道異端聽到這種粗陋無理的話，不要讓有大威德的眾位天人和從其他淨土而來的眾位菩薩聽到這樣的話。阿難，轉輪聖王憑了他微小的福報，尚且可以不生疾病，何況如來這樣將無數福德善根集於一身的聖人呢？離開吧，阿難！不要令我們遭受這樣的恥辱。如果外道的修行者聽到這些話，他們就會這樣想吧：如來怎麼配稱為眾生的導師呢？他自己生病了尚且不能救治，卻能夠救治得病的眾生？你趕快悄悄地離開吧，不要讓別人聽到這些話。阿難！你應當知道，如來身就是法身，而不是凡俗的有形肉身。佛祖是世間的至尊，超脫於三界之外。佛身是沒有煩惱的，已經除盡各種煩惱；佛身並非因緣所生，永不墮入生死輪迴。像這樣的身體，還會有什麼疾病呢？』世尊，當時我實在十分慚愧：難道我雖然伺奉在佛身邊卻錯聽了佛法嗎？隨即我又聽到空中傳來聲音說道：『阿難，事實就像居士所說的一樣。只是如來佛祖生在五濁並存的罪惡之世，為了超度貧窮苦惱的眾生才顯現出這樣的形象而已。來吧，阿難，來拿牛奶，不必慚愧。』世尊，維摩詰的智慧雄辯到了這樣的地步。因此，去維摩詰那裏探病的事情我不能勝任。」

如是，五百大弟子各各向佛說其本緣❶，稱述維摩詰所言，皆曰：

「不任詣彼問疾。」

【注釋】❶本緣　事情的緣由始末。

【語譯】像這樣，五百大弟子各各向佛祖陳說事情的本末，引述讚歎維摩詰的話，都說：「去維摩詰那裏探病的事情我不能勝任。」

菩薩品第四

【題解】本品中，彌勒菩薩、光嚴童子、持世菩薩、長者子善德等一一迴避前往探問維摩詰病況的使命，他們逐次回顧了以往與維摩詰的交往，與上品所記述的佛之弟子一樣，他們在維摩詰的無礙辯才前無以應對。如果說上品中諸位弟子在理解和修行上對佛法的偏執，屬於佛教小乘的範疇；那麼，本品中維摩詰對諸位菩薩偏失的揭示，似乎是對大乘佛教中方便教化的更深入闡釋。菩薩不僅自利而且利他，教導人們求取菩提、廣為布施等等；然而，維摩詰的論辯提示出，這些方式其實也不過是方便而已，並非究竟，不可執著：固然修行「六度」等是道場，而同樣「一切法是道場」、「三界是道場」，因為它們都足以令人獲得菩提覺悟，而菩提覺悟或許就是「假名」；正是本著這樣的精神，維摩詰可以不避魔女而教化之，並且勸諭她們住於魔宮啟發天子、天女們求取無上正等正覺之心。

於是佛告彌勒菩薩❶：「汝行詣維摩詰問疾。」彌勒白佛言：「世尊，我不堪任詣彼問疾。所以者何？憶念我昔，為兜率天王❷及其眷屬說不退轉地之行❸。時維摩詰來謂我言：『彌勒，世尊授仁者記❹，一生當得阿耨多羅三藐三菩提。為用何生⑤得受記乎？過去耶？未來耶？現在耶？若過去生，過去生已滅；若未來生，未來生未至；若現在生，現在生無住。如佛所說：「比丘！汝今即時亦生亦老亦滅。」若以無生⑥得受記者，無生即是正位⑦，於正位中亦無受記，亦無得阿耨多羅三藐三菩提。云何彌勒受一生記乎？為從如生得受記耶？為從如滅⑧得受記耶？若以如生得受記者，如無有生；若以如滅得受記者，如無有滅。一切眾生皆如也，一切法亦如也，眾聖賢亦如也，至於彌勒亦如也。若彌勒得受記者，一切眾生亦應受記。所以者何？夫如者不二不異。若彌勒得阿耨多羅三藐三菩提者，一切眾生皆亦應得。所以者何？一切眾生即菩提相。若彌勒得滅度者，一切眾生亦當滅度。所以者何？諸佛知一切眾生畢竟寂滅，即涅槃相，不復更滅。是故，彌勒！無以此法誘諸天子。實無發阿耨多羅三藐三菩提心者，亦無退者。』

『彌勒！當今此諸天子捨於分別菩提之見。所以者何？菩提者，不可以身得，不可以心得。寂滅是菩提，滅諸相故；不觀⑨是菩提，離諸緣故；不行⑩是菩提，無憶念故；斷是菩提，捨諸見故；離是菩提，離諸妄想故；障是菩提，障諸願故；不入⑪是菩提，無貪著故；順是菩提，順於如故；住是菩提，住法性故；至是菩提，至實際故；不二是菩提，離意法⑫故；等是菩提，等虛空故；無為是菩提，無生住滅故；知是菩提，了眾生心行故；不會是菩提，諸入⑬不會⑭故；不合⑮是菩提，離煩惱習故；無處是菩提，無形色故；假名是菩提，名字空故；如化是菩提，無取捨故；無亂是菩提，常自靜故；善寂是菩提，性清淨故；無取是菩提，離攀緣故；無異是菩提，諸法等故；無比是菩提，無可喻故；微妙是菩提，諸法難知故。』世尊，維摩詰說是法時，二百天子得無生法忍。故我不任詣彼問疾。」

【注釋】❶彌勒菩薩　又稱慈氏菩薩，生於南天竺婆羅門家，從佛出家。入滅後生於兜率天內院，經四千歲（人世則為五十六億七千萬歲）後下生人間，在華林園龍華樹下成正覺。彌勒菩薩由釋迦牟尼佛祖授記，未來一世將繼承釋迦牟尼為未來佛。彌勒在中國民間則演化成笑口常開的胖彌勒形象。❷兜率天王　六欲天之六天從低至高分別為：一、四王天，在須彌山腰，四天王所居。二、忉利天，又稱三十三天（中央為帝釋天，四面各有八天，共有三十三天），在須彌山頂，帝釋天所居。三、夜摩天。四、兜率天，或譯「睹史多天」。五、樂變化天。六、他化自在天。其中四王天與忉利天稱地居天，自兜率天以上稱為空居天或虛空天。兜率天王即兜率天之王。❸不退轉地之行　獲得不退轉地的修行。不退轉地，鳩摩羅什說：「即無生法忍也。」❹授仁者記　授記，預言，事先作標記。❺為用何生　憑著哪一生。❻無生　在這裏意為三生都只是虛幻，並非真實存在。❼正位　鳩摩羅什說：「實相常定，故名正位。」因為世界本質是安穩不偏倚動搖的，所以叫正位。❽如生……如滅　真如的產生和消滅。如，真如，即宇宙本質。❾觀　對世界的認識和感覺。僧肇注：「觀生于緣，離緣即無觀。」❿行　思慮心意以及由此而產生的行動。僧肇注：「行生于念，無念故無行也。」⓫入　接受（外界的欲樂）。⓬意法　意與法，這裏約略等於精神與物質。因為菩提是世界本性，涵蓋一切，自然也就沒有精神與物質的區分。⓭諸入　即內外六入。⓮不會　不會聚。⓯不合　生死兩界不相聚合，即斷絕死生。

【語　譯】於是佛命彌勒菩薩：「你到維摩詰那裏去探問他的疾病吧。」彌勒菩薩向佛陳言道：「世尊，到維摩詰那裏去探問疾病的事情我不能勝任。為什麼呢？想我當初，曾經為兜率天王以及他的眷屬演說如何求得菩提而不退轉的修行。這時維摩詰來對我說：『可敬的彌勒，世尊向你授予成佛的標記，預言你在下一世將會得到無上正等正覺。你是憑了哪一世而被授予成佛的標記呢？是過去，是未來，還是現在呢？是憑著過去生嗎？過去生已經消逝，是憑著未來生嗎？未來生還未到來；是憑著現在生嗎？現在生卻是無法留駐的。正如佛祖所說：「眾比丘呵，你們就在此刻生，此刻老，此刻滅。」或者你是憑著無生而被授予成佛的標記，無生就是世界的真實本質，在其中不會有授予標記這種事情，也不會得到無上正等正覺。為什麼彌勒會得到在某一生成佛的標記呢？是根據真如的產生而得到標記嗎？還是根據真如的消亡而得到標記呢？如果說是根據真如的產生得到標記，真如卻是沒有所謂產生的；如果說是根據真如的消亡得到標記，真如又是沒有所謂消亡的。一切眾生都是真如，一切法也都是真如，眾位聖賢也都是真如，至於彌勒，也是真如。如果彌勒得到成佛的標記，那麼眾生也都應當得到標記。為什麼呢？所謂真如，是萬物齊同的，沒有得與不得的差異。如果彌勒得到無上正等正覺，那麼眾生也都應當得到無上正等正覺。為什麼呢？一切眾生都是平等地具有菩提根。如果彌勒能夠入滅得到涅槃，那麼眾生也都應當得到涅槃。為什麼呢？諸佛都深刻瞭解一切眾生的本性都是寂靜的，這就是不再入滅的涅槃之相啊。因此，彌勒，不要再這樣去誤導諸位天子吧。實際上無上正等正覺是不可以發心求得的，也是不會退失逆轉的。』

『彌勒呵，你應當引導這諸位天子捨棄偏見，不再執著於區分求得菩提與否。為什麼呢？所謂菩提，是不可以用身體去求得的，也是不可以用心意去求得的。菩提是寂滅，因為眾生的本性都是寂靜的；菩提是沒有對外界的觀察認知的，因為脫離了種種因緣附會；菩提是沒有思想造作的，因為沒有意念的生起；菩提是斷滅，因為斷滅了各種皮相之見；菩提是遠離，因為遠離了各種妄想；菩提是障蔽，因為障蔽了一切欲望；菩提是不被六塵沾染的，因為沒有貪戀執著之心；菩提是隨順，因為隨順於真如；菩提是安住，因為安住在法性之中；菩提是到達，因為到達了世界本質的彼岸；菩提是獨一無二的，因為不再區分物質和精神；菩提是等同，因為和虛空等同；菩提是無為，因為沒有產生、留駐、消亡的過程；菩提是智慧，因為能透徹瞭解眾生的心意行為；

菩提是不聚會，因為內外六入不相聚會；菩提是斷絕生死的，因為擺脫了纏繞在煩惱中的恆常狀態；菩提沒有停留的處所，因為沒有色相形跡；菩提只是稱謂，因為名稱之下並無實體；菩提猶如幻化的人偶，因為沒有取捨之心；菩提是不起擾亂的，因為它總是平靜安寧；菩提是善於隨順寂滅的，因為它本性清淨；菩提是對外物無所取的，因為不攀附於因緣果報；菩提是沒有差異的，因為萬物齊同；菩提是不可比擬的，因為沒有事物可與之相比；菩提是微妙深奧的，因為世界的本質難以理解。』世尊，當維摩詰這樣說法之時，二百天子獲得無生法忍。因此，去維摩詰那裏探病的事情我不能勝任。」

佛告光嚴童子❶：「汝行詣維摩詰問疾。」光嚴白佛言：「世尊，我不堪任詣彼問疾。所以者何？憶念我昔，出毗耶離大城。時維摩詰方入城，我即為作禮而問言：『居士從何所來？』答我言：『吾從道場❷來。』我問：『道場者何所是？』答曰：『直心是道場，無虛假故；發行❸是道場，能辦事故；深心是道場，增益功德故；菩提心是道場，無錯謬故。布施是道場，不望報故；持戒是道場，得願具故；忍辱是道場，於諸眾生心無礙故；精進是道場，不懈怠故；禪定是道場，心調柔故；

智慧是道場，現見諸法故。慈是道場，等眾生故；悲是道場，忍疲苦故；喜是道場，悅樂法故；捨是道場，憎愛斷故。神通是道場，成就六通故；解脫是道場，能背捨故；方便是道場，教化眾生故；四攝是道場，攝眾生故；多聞是道場，如聞行❹故；伏心❺是道場，正觀諸法故；三十七品是道場，捨有為法故；四諦❻是道場，不誑世間故；緣起❼是道場，無明乃至老死皆無盡故；諸煩惱是道場，知如實故❽；眾生是道場，知無我故；一切法是道場，知諸法空故❾；降魔是道場，不傾動故；三界是道場，無所趣故；師子吼是道場，無所畏故；力、無畏、不共法是道場，無諸過故；三明是道場，無餘礙故；一念知一切法❿是道場，成就一切智故。如是！善男子。菩薩若應諸波羅蜜教化眾生，諸有所作，舉足下足，當知皆從道場來，住於佛法矣。』說是法時，五百天子皆發阿耨多羅三藐三菩提心。故我不任詣彼問疾。」

【注釋】❶光嚴童子　以大光明作修飾的童子。❷道場　有幾種涵義：一、佛陀覺悟之處，即中印度摩揭陀國尼連禪河旁菩提樹下之金剛座。二、即法會，如水陸道場、慈悲道場等。三、供養諸佛之處，引申為學道之處，再引申之，則泛指覺悟得道的一切方式途徑。在這裏是第三種涵義。❸發行　發心修行。❹如聞行　依照聽到的佛法而修行。❺伏心　調伏柔順的心意。❻四諦　鳩摩羅什於此句下有注語：「小乘中說四諦，大乘中說一諦。今言諦，是則一諦。一諦，實相也。」據此，則「四諦」或當作「諦」。支遁譯本作「諦心則是」；玄奘譯本作「一切諦」，亦不作「四諦」。❼緣起　十二緣起（或稱十二因緣、十二支緣）是佛教緣起學說的基本理論，總括眾生經歷過去、現在、未來三世，輪迴六道的次第緣起。十二緣起循環流轉：一、無明，指愚昧痴暗之心不能理解法之事理，是過去世最初的煩惱。二、行，因為過去世的無明，而有善惡作為。三、識，因為過去世的行，而產生現在世受胎的意念。四、名色，因為有識，而在胎中逐漸身心發育。五、六處，因為名色發育，而六根具足，即將誕生。六、觸，二三歲時還不具備理性思維，而只能接觸事物。七、受，六七歲以後理性思維成長，能識別理解世界。八、愛，十四五歲後愛欲漸次滋生。九、取，成人以後，愛欲強盛，對外境多所貪求獲取。十、有，有愛有取，則有煩惱，因煩惱而作種種善惡之業，定將來的果報。十一、生，因為現在世所作的業，而有未來世的受生。十二、老死，在未來世老死。❽諸煩惱是道場二句　此二句玄奘《說無垢稱經》譯作：「息諸煩惱是妙菩提，如實現證諸法性故。」窺基疏云：「由證真如，煩惱便息。『息』者，滅也。舊云『諸煩惱是道場，知如實故』，釋同標異，義少難知。不見『息』言，甚難解也。」支譯作「眾勞之靜是」，同。兩譯義較鳩摩羅什譯文顯豁。據近人研究原本應有「息」字，鳩摩羅什為了強調「現世即是解脫」的思想而刪除。以下語譯據支謙、玄奘義譯。❾一切法是道場二句　這二句是說：因為從諸法可以認識到一切皆空的真理，對修行佛法有所助益，所以一切諸法也就是道場了。❿一念知一切法　鳩摩羅什說：「二乘以三十四心成道，大乘中唯以一念則豁然大悟，具一切智也。」

【語　譯】佛命光嚴童子：「你到維摩詰那裏去探問他的疾病吧。」光嚴童子向佛陳言道：「世尊，到維摩詰那裏去探問疾病的事情我不能勝任。為什麼呢？想我當初，有一次出毗耶離大城。這時維摩詰剛好進城，我便對他行禮問道：『居士，你從哪裡來？』維摩詰答道：『我從道場來。』我問：『道場是哪裡呢？』答道：『質直之心就是道場，因為誠摯而不虛假；發願修行就是道場，因為這就能修成善業；深固之心就是道場，因為功德由此而增長；菩提心就是道場，因為再也不犯錯誤。布施就是道場，因為布施是不求善報的；奉持戒律就是道場，因為所發起的願求都由此而滿足；以平和心境忍受侮辱就是道場，因為對於眾生不懷有惱怒之心；勇猛精進就是道場，因為勤勉修行不生懈怠；禪定就是道場，因為心意由此而柔和調諧；智慧就是道場，因為顯現世界本質的奧秘如在目前。慈就是道場，因為以平等心對待眾生；悲就是道場，因為能忍受疲勞痛苦的修行；喜就是道場，因為從佛法中獲得愉悅；捨就是道場，因為捨棄了愛憎的俗世感情；神通就是道場，因為具備了六神通；八解脫就是道場，因為能背棄塵俗境界；方便度人就是道場，因為由此而教化眾生；四攝法就是道場，因為有益於教化眾生；多聽聞佛法就是道場，因為這樣就可以依照佛法來修善行；調伏心意就是道場，因為這樣就能依從正道去觀察世界；三十七道品就是道場，因為做到這樣就捨棄了一切有為法；四聖諦就是道場，因為這是真理，並不欺騙世間眾生；十二緣起就是道場，因為由此就可以明白從無明直到老死是輪轉不息的；平息各種煩惱就是道場，因為瞭解了世界的本質；眾生就是道場，因為由此瞭解無我無自性的道理；一切法就是道場，因為由此瞭解世間一切皆空的道理；降伏魔怨就是道場，因為一切魔怨都不再擾動心意；三界就是道場，因為雖在三界之中卻依從大乘之道；獅子吼就是道場，因為得獅子吼就無所畏懼；

力、無畏、不共法就是道場，因為由此就不會產生種種過失；三明就是道場，因為由此而智慧明達，不再有任何障礙；以一念明解一切法就是道場，因為這就是圓滿證得一切智慧。就像是這樣，善男子呵，你應當知道，如果菩薩順應六波羅蜜教化眾生，他的所有言行，即使只是抬腳落足這樣微小的動作，也都是從道場而來，是安住在佛法中的啊。』當維摩詰這樣說法的時候，五百天子都發起求無上正等正覺之心。因此，去維摩詰那裏探病的事情我不能勝任。」

佛告持世菩薩❶：「汝行詣維摩詰問疾。」持世白佛言：「世尊，我不堪任詣彼問疾。所以者何？憶念我昔，住於靜室。時魔波旬❷從萬二千天女❸，狀如帝釋，鼓樂絃歌來詣我所，與其眷屬稽首我足，合掌恭敬，於一面立。我意謂是帝釋而語之言：『善來！憍尸迦❹。雖福應有，不當自恣❺。當觀五欲無常，以求善本，於身命財，而修堅法❻。』即語我言：『正士，受是萬二千天女，可備掃灑。』我言：『憍尸迦，無以此非法之物要❼我沙門釋子❽，此非我宜。』所言未訖，時維摩詰來謂我言：『非帝釋也，是為魔，來嬈固❾汝耳。』即語魔言：『是諸女等可以與我，如我應受。』魔即驚懼，念：『維摩詰將無[10]惱我？』欲隱形去，而不能隱，盡其神力，亦不得去。即聞空中聲曰：『波旬，以女與之，乃可得去。』魔以畏故，俛仰而與[11]。

「爾時，維摩詰語諸女言：『魔以汝等與我，今汝皆當發阿耨多羅三藐三菩提心。』即隨所應而為說法，令發道意。復言：『汝等已發道意，有法樂可以自娛，不應復樂五欲樂也。』天女即問：『何為法樂？』答言：『樂常信佛，樂欲聽法，樂供養眾；樂離五欲；樂觀五陰如怨賊，樂觀四大如毒蛇，樂觀內入如空聚；樂隨護道意；樂饒益眾生；樂敬仰師；樂廣行施，樂堅持戒，樂忍辱柔和，樂勤集善根，樂禪定不亂，樂離垢明慧；樂廣菩提心；樂降伏眾魔，樂斷諸煩惱；樂淨佛國土；樂成就相好故修諸功德；樂莊嚴道場；樂聞深法不畏；樂三脫門[12]，不樂非時[13]；樂近同學[14]，樂於非同學中心無恚礙；樂將護惡知識[15]，樂親近善知識；樂心喜清淨；樂修無量道品之法。是為菩薩法樂。』

「於是波旬告諸女言：『我欲與汝俱還天宮。』諸女言：『以我等與此居士，有法樂，我等甚樂，不復樂五欲樂也。』魔言：『居士，可捨此女。一切所有施於彼者，是為菩薩。』維摩詰言：『我已捨矣，汝便將去。令一切眾生得法願具足。』於是諸女問維摩詰：『我等云何止於魔宮？』維摩詰言：『諸姊，有法門名「無盡燈」，汝等當學。無盡燈者，譬如一燈然百千燈，冥者皆明，明終不盡⑯。如是！諸姊。夫一菩薩開導百千眾生，令發阿耨多羅三藐三菩提心，於其道意亦不滅盡，隨所說法而自增益一切善法，是名無盡燈也。汝等雖住魔宮，以是無盡燈，令無數天子天女發阿耨多羅三藐三菩提心者，為報佛恩，亦大饒益一切眾生。』爾時，天女頭面禮維摩詰足，隨魔還宮，忽然不現。世尊，維摩詰有如是自在神力智慧辯才。故我不任詣彼問疾。」

【注釋】❶持世菩薩　眾菩薩之一，能布施一切，護持世間眾生。❷魔波旬　四魔之一，即欲界第六天他化自在天之魔，名為波旬，善於變化惑害人心。❸天女　居於六欲天中的女子，這裏指他化自在天中魔王屬下的女子。❹憍尸迦　天帝釋姓憍尸迦。❺自恣　過分放縱自己。恣，恣意；放肆。❻於身命財二句　捨棄肉身性命財寶，修行佛法正道，就能獲得無極之身、無窮之命、無盡之財。❼要　通「邀」。引誘。❽釋子　釋迦佛之弟子。隨佛修行，猶如其子，故稱「釋子」。❾嬈固　擾亂。❿將無　表推測的語氣，大致相當於「莫不是」、「恐怕是」。⓫俛仰而與　猶豫再三以後終於給予。俛仰，俯仰。形容躊躇難決的樣子。⓬三脫門　即空、無相、無作三解脫門。⓭非時　指在修行未圓滿時便以小乘法門證取果報。⓮同學　與自己同樣修行大乘者。非同學則指修行小乘及外道者。⓯知識　這裏是朋友的意思，取知其心識其貌之意。善知識即好的朋友，惡知識即壞的朋友。⓰無盡燈者四句　這四句是說：用一盞燈去點燃千百盞燈，原本不亮的燈都被點亮，而這盞燈也不會因此而熄滅。比喻大乘佛法普度眾生，並不因此而使自己的修行受損，反而獲得功德增長。

【語　譯】佛命持世菩薩：「你到維摩詰那裏去探問他的疾病吧。」持世菩薩向佛陳言道：「世尊，到維摩詰那裏去探問疾病的事情我不能勝任。為什麼呢？想我當初，居住在靜室之中。當時惡魔波旬率領一萬二千天女，化作天帝釋的形相，在鼓樂弦歌中來到我的居所。他與所帶的天女向我稽首行禮，恭敬地合掌問訊，站在一旁。我誤以為他是帝釋，便對他說：『來得好啊，憍尸迦！這雖然是你應得的福分，但也不該過分放縱自己。應當認識到各種聲色欲樂都是幻化無常的，由此而求得善本；應當放棄世俗的肉身、性命和財寶，而修習法身、慧命和聖法財寶這些堅實不壞的法門。』他於是對我說道：『正士呵，請收下這一萬二千天女吧，可以讓她們充任灑掃門庭之職責。』我說：『憍尸迦，不要用這種不合法理的東西來引誘我佛門弟子，這不適合我。』話還沒有說完，這時維摩詰就來對我說道：『這不是天帝釋啊，這只是來擾亂你修行的惡魔罷了。』隨即又對惡魔說道：『這些天女你可以送給我，像我這樣的在家居士是不妨接受的。』當下惡魔大為驚慌懼怕，心中想道：『莫不是維摩詰要對我發怒？』想要隱形逃走卻無法隱形，用盡了神力也無法逃走。這時就聽到半空中有聲音說道：『波旬，把天女給他吧，這樣才可以離開。』惡魔由於心懷畏懼，躊躇再三之下，終於將天女贈予維摩詰。

「那時候，維摩詰對眾位天女發言道：『魔王已經將你們贈給了我，現在你們都應當發起求無上正等正覺之心。』於是隨她們的要求而說法，使之發起求道之意。又對她們說道：『你們既然已經發心求道，就應當以法樂自娛，不應再沉迷五欲之樂。』天女問道：『什麼是法樂呢？』維摩詰答道：『以信佛為樂，以聽法為樂，以供養僧眾為樂；以脫離五欲為樂；以視五陰如仇敵為樂，以視四大如毒蛇為樂，以視內六入如空荒村落為樂；以護持求道之心為樂；以造福眾生為樂；以敬重侍奉師長為樂；以廣行施捨為樂，以堅定奉持戒律為樂，以忍辱柔和為樂，以努力修得善根為樂，以禪定不亂為樂，以脫離塵垢明達智慧為樂；以廣泛發揚菩提心為樂；以降伏眾魔為樂，以斷絕各種煩惱為樂；以清淨佛土為樂；以勤修功德，獲得美好形相為樂；以修飾道場使之莊嚴為樂；以聽到深奧的佛法而不驚疑畏懼為樂；以空、無相、無作三種解脫法門為樂，而不樂於在修行中途以小乘法門證得果報；以親近修習大乘法的同道為樂，以處在不同道者之中而不對其憎恨惱怒為樂；以扶助愚昧無知者為樂，以親近智慧明達者為樂；以從禪定中獲得清淨喜悅為樂；以修行這樣無數成就菩提的道法為樂。這就是菩薩的法樂。』

「於是惡魔波旬對眾位天女說道：『我和你們一同回到天宮去吧。』天女們答道：『你已經將我們贈與這位居士。我們在法樂中感受到極大的快樂，不願再沉迷於五欲的歡樂。』惡魔說：『居士，請捨棄這些女子吧。將自己所有的一切都施捨給別人，這才是菩薩的作為啊。』維摩詰說道：『我已經捨棄了她們，你就帶她們走吧。願一切眾生求法的願望都得到滿足。』於是眾位天女向維摩詰問道：『我們回到魔宮，應當怎樣修行呢？』維摩詰答道：『各位姊妹，有種美妙的法門名叫無盡燈，你們應當學習。所謂無盡燈，就比如用一盞燈去燃亮千百盞燈，使黑暗都成為光明，而原本的光明也始終不曾銷盡。就是這樣，各位姊妹。一位菩薩開導百千眾生，使他們發起求無上正等正覺之心，而他自己的菩提心也並不減少，反而隨著他的說法而自動增益善法，這就是無盡燈的涵義啊。你們雖然住在魔宮之中，卻能使無數的天子天女都發起求無上正等正覺之心，這就是報答了佛祖的恩德，也是極大地有益於眾生的事情啊。』此時，天女以頭面觸維摩詰的足背行禮，然後隨惡魔返回魔宮，倏忽之間就不見蹤影。世尊，維摩詰有著這樣自在無礙的神通和智慧辯才。因此，去維摩詰那裏探病的事情我不能勝任。」

佛告長者子善德❶：「汝行詣維摩詰問疾。」善德白佛言：「世尊，我不堪任詣彼問疾。所以者何？憶念我昔，自於父舍設大施會❷，供養一切沙門、婆羅門及諸外道貧窮下賤孤獨乞人❸。期滿七日。時維摩詰來入會中，謂我言：『長者子，夫大施會不當如汝所設。當為法施之會，何用是財施會為？』我言：『居士，何謂法施之會？』『法施會者，無前無後，一時供養一切眾生，是名法施之會。』曰：『何謂也？』『謂以菩提起於慈心❹，以救眾生起大悲心，以持正法起於喜心，以攝智慧行於捨心。以攝慳貪起檀波羅蜜，以化犯戒起尸羅波羅蜜，以無我法起羼提波羅蜜，以離身心相起毗梨耶波羅蜜，以菩提相起禪波羅蜜，以一切智起般若波羅蜜❺。教化眾生而起於空，不捨有為法而起無相，示現受生而起無作，護持正法起方便力。以度眾生起四攝法，以敬事一切起除慢法，於身命財起三堅法，於六念❻中起思念法，於六和敬❼起質直心，正行善法起於淨命，心淨歡喜起近賢聖，不憎惡人起調伏心，以出家法起於深心，以如說行起於多聞，以無諍法起空閒處❽，趣向佛慧起於宴坐，解眾生縛起修行地。以具相好及淨佛土起福德業；知一切眾生心念如應說法起於智業；知一切法不取不捨，入一相門，起於慧業；斷一切煩惱、一切障礙、一切不善法，起一切善業；以得一切智慧、一切善法，起於一切助佛道法。如是，善男子，是為法施之會。若菩薩住是法施會者，為大施主，亦為一切世間福田。』世尊，維摩詰說是法時，婆羅門眾中二百人皆發阿耨多羅三藐三菩提心。

「我時心得清淨，歎未曾有，稽首禮維摩詰足，即解瓔珞❾價直百千以上之。不肯取。我言：『居士，願必納受，隨意所與。』維摩詰乃受瓔珞，分作二分，持一分施此會中一最下乞人，持一分奉彼難勝如來。一切眾會皆見光明國土難勝如來，又見珠瓔在彼佛上，變成四柱❿寶臺，四面嚴飾，不相障蔽。時維摩詰現神變已，又作是言：『若施主等心施一最下乞人，猶如如來福田之相，無所分別。等於大悲，不求果報，是則名曰具足法施。』城中一最下乞人見是神力，聞其所說，皆發阿耨多羅三藐三菩提心。故我不任詣彼問疾。」

【注釋】❶善德　或譯為「蘇達多」，意為「善施」，取其施捨不吝之義。❷大施會　或稱「無遮大會」，一般五年一設，凡參加大會者無論貴賤，都能得到布施。❸乞人　鳩摩羅什說：「乞人有三種：一、沙門。二、貴人。三、下賤。隨其所求，皆為乞人也。」❹以菩提起於慈心　以菩提覺悟之相引導眾生發起慈心。以下各句文法與這句相類。❺以攝慳貪起檀波羅蜜六句　以上六波羅蜜即分別為布施、持戒、忍辱、精進、禪定、智慧六度的音譯。❻六念　指六種使自己修道心意堅定的念力，分別為念佛、念法、念僧、念戒、念施、念天。❼六和敬　僧迦和合團結的六條行事原則：身和敬、口和敬、意和敬、戒和敬、見和敬、利和敬。❽以無諍法起空閑處　這句是說：以平和無諍的態度來引導眾生居於空閒處。空閑處，音譯為「阿蘭若」。指離開村落二里左右，閒靜而適合比丘修行的場所。❾瓔珞　一種貫串珠玉而成的裝飾品。❿四柱　四座。

【語譯】佛命長者之子善德：「你到維摩詰那裏去探問他的疾病吧。」善德向佛陳言道：「世尊，到維摩詰那裏去探問疾病的事情我不能勝任。為什麼呢？想我當初，曾在父親的宅邸中設立布施大會，供養一切出家沙門、婆羅門，以及各種外道中貧窮下賤孤獨的乞食者。為期七天。維摩詰也來參加大會，對我說：『長者之子善德啊，布施大會不應當是像你這樣安排的。布施大會應當是布施法理的大會啊，這種布施財物的大會有什麼用處呢？』我說：『居士，怎麼叫做布施法理的大會？』『所謂布施法理的大會，就是不分先後，同時供養一切眾生的大會。』『這是什麼意思呢？』『這就是說，以無上菩提來引導眾生發起慈無量心，以救護眾生的行為來引導眾生發起悲無量心，以秉持正法的行為來引導眾生發起喜無量心，以通達智慧的形相來引導眾生發起捨無量心。以調伏慳吝之心來引導眾生修行布施波羅蜜，以教化違犯戒律眾生的行為來引導眾生修行持戒波羅蜜，以無我的法理來引導眾生修行忍辱波羅蜜，以脫離身心分別偏見來引導眾生修行精進波羅蜜，以菩提形相來引導眾生修行禪定波羅蜜，以一切智來引導眾生修行智慧波羅蜜。教化眾生而不違背空理，不捨棄有為法而顯示無相之義，顯示生死中輪迴而沒有造作。為護持正法而施展方便法門度人，施行四攝法以超度眾生，以恭敬謙遜的態度來引導眾生除去驕慢之心，以捨棄肉身、性命和財寶而獲得法身命財的行為來引導眾生修行三堅法，以六念來引導眾生發起正念，以實行六和敬的原則來引導眾生發起質直之心，以行善來引導眾生獲得清淨身命，以清淨喜悅的心意來引導眾生親近尊敬聖賢，以不憎恨惡人的心意來引導眾生發起調伏之心，以出家修行來引導眾生發起深固求道之心，以隨佛所說法修行來引導眾生廣博聞道，以平和無諍的態度來引導眾生居於空閒處，以趨向佛智慧的修行來引導眾生靜坐禪定，以解脫眾生束縛的行為來引導眾生住於修行地。顯現美妙形相和清淨佛土，以此來引導眾生造作福德業；瞭解眾生心意，根據他們的要求說法，以此來引導眾生造作智業；領悟世間一切不取不捨，本性平等，以此來引導眾生造作慧業；斷絕一切煩惱、一切障礙、一切不善法，以此來引導眾生造作一切善業；以獲得一切智慧、一切善行來引導眾生發起一切菩提佛法。正像是這樣，善男子呵，這就是布施法理的大會。如果菩薩安住在這樣的大會當中布施法理，他就是大施主，也就是世間一切眾生的福田。』世尊，當維摩詰這樣說法的時候，婆羅門中有兩百人都發起求無上正等正覺之心。

「那時我的內心獲得清淨，讚歎這是未曾有過的奇蹟，便對維摩詰稽首行禮，解下價值千金的瓔珞奉獻給他。但維摩詰卻不肯接受。我說：『居士，請你一定要接受，隨便施捨給誰都可以。』於是維摩詰收下瓔珞，分成兩半，將其中一半施捨給大會中最卑賤的乞食者，另一半供奉給那位難勝如來。參加大會的一切人眾都看見光明國土中的難勝如來，又看見瓔珞珠寶在佛土上變幻出四座寶臺，寶臺四面都精美裝飾，相互之間沒有障蔽。當時維摩詰顯現了這樣神奇的變化，又說道：『如果施主以平等心對一位最卑賤的乞食者行施捨，這種功德和供奉如來所種得的福田是沒有分別的，以平等的大悲心行施捨，不希求得到果報，這就叫做布施法理圓滿無缺。』城中最卑賤的乞食者看見這樣的神通變化，聽到他的說法，都發起求無上正等正覺之心。因此，去維摩詰那裏探病的事情我不能勝任。」

如是，諸菩薩各各向佛說其本緣，稱述維摩詰所言，皆曰：「不任詣彼問疾。」

【語　譯】像這樣，各位菩薩分別向佛祖陳說事情的本末，引述讚歎維摩詰的話，都說：「去維摩詰那裏探病的事情我不能勝任。」

卷中

文殊師利問疾品第五

【題　解】本品所述為文殊師利菩薩前往維摩詰處探病，兩者之間的對答集中體現了大乘佛學的精神。維摩詰首先就提示出菩薩與眾生的緊密關聯：菩薩是為眾生而入此生死世間，因而自然有所謂生老病死；如若眾生離病，菩薩自然也就得到解脫。接著，維摩詰闡述四大緣起而致眾生病的緣由，而實際上緣起性空，故而病患都是因為執著於我而起的，看取其「空」，便可化解；但是如果一味執著於「空」，則是「空病」，所以執著於「空」的「空病」也當破解。這種破執的態度，與菩薩住世救苦的作為也是吻合無間的，該品下文言及「貪著禪味，是菩薩縛」，即意謂著不應該一味執著於禪定解脫等所謂正面的價值，這是一種偏執，同時也僅是聲聞小乘的境界；大乘菩薩乘應當是雖然認知了世間一切空寂的真諦卻不就此證入涅槃，而是處於生死之中但不為塵緣汙染，同時順應眾生而方便教化之。

爾時，佛告文殊師利❶：「汝行詣維摩詰問疾。」文殊師利白佛言：「世尊，彼上人者，難為詶對❷。深達實相，善說法要，辯才無滯，智慧無礙。一切菩薩法式❸悉知，諸佛秘藏❹無不得入。降伏眾魔，遊戲神通，其慧方便❺，皆已得度。雖然，當承佛聖旨，詣彼問疾。」

於是眾中諸菩薩、大弟子、釋梵、四天王，咸❻作是念：「今二大士，文殊師利、維摩詰共談，必說妙法。」即時八千菩薩、五百聲聞、百千天人，皆欲隨從。於是文殊師利與諸菩薩、大弟子眾，及諸天人恭敬圍遶，入毗耶離大城。

【注　釋】❶文殊師利　或譯「曼殊室利」，意為「妙吉祥」、「妙德」，一般簡稱文殊菩薩。在大乘菩薩中文殊智慧第一，為菩薩上首，與普賢菩薩分居如來左右護持。在本經中文殊師利作為與維摩詰論辯的對手而出現。❷酬對　應酬對答，這裏含有相互問難的意思。❸法式　作法的儀式。❹秘藏　佛法奧秘精要。❺慧方便　智慧與方便力。❻咸　都；全部。

【語　譯】這時候，佛命文殊師利菩薩：「你到維摩詰那裏去探問他的疾病吧。」文殊師利向佛陳言道：「世尊啊，要與那位上人酬答應對是非常困難的啊。他深刻地通達世界的本質，善於演說佛法的精要，他雄辯滔滔無人能將之難倒，智慧高深無所阻礙。他精通一切菩薩的言行儀軌，深入一切諸佛的秘要奧義。他降伏各種魔怨，對各種神通變化運用自如。他的智慧和方便度人的力量都已經達到極致。雖然如此，我應當接受佛祖的聖旨，去探問他的病情。」

於是在集會之中的諸位菩薩、大弟子、釋梵、四天王，都如此想道：「如今兩位大士，文殊師利和維摩詰相互交談，必定會說出精妙的佛法。」當下八千菩薩、五百聲聞弟子，還有成百上千的天人，都希望隨從文殊師利去探問維摩詰的病情。於是文殊師利便與諸菩薩、各位大弟子一同，在眾多天人的恭敬圍繞之中，進入了毗耶離大城。

爾時，長者維摩詰心念：「今文殊師利與大眾俱來。」即以神力空其室內，除去所有及諸侍者，唯置一床，以疾而臥。

文殊師利既入其舍，見其室空，無諸所有，獨寢一床。時維摩詰言：「善來❶！文殊師利。不來相而來，不見相而見❷。」文殊師利言：「如是，居士。若來已更不來，若去已更不去。所以者何？來者無所從來，去者無所至；所可見者更不可見❸。且置是事❹。居士，是疾寧可忍不？療治有損，不至增乎？世尊殷勤致問無量。居士，是疾何所因起？其生久如？當云何滅❺？」維摩詰言：「從痴有愛，則我病生。以一切眾生病，是故我病；若一切眾生病滅，則我病滅。所以者何？菩薩為眾生故入生死，有生死則有病；若眾生得離病者，則菩薩無復病。譬如長者，唯有一子，其子得病，父母亦病；若子病愈，父母亦愈。菩薩如是。於諸眾生，愛之若子。眾生病則菩薩病，眾生病愈菩薩亦愈。又言『是疾何所因起？』菩薩疾者，以大悲起。」

【注　釋】❶善來　問候語，相當於「來得好啊」。❷不來相而來二句　這二句是說：文殊師利雖然來到維摩詰居室，本質上卻是安穩不動的；雖然看見維摩詰，本質上卻是不聞不見的。相，實相；本相。❸若來已更不來六句　這六句含義為：因為一切皆空，所以並無來去見聞。❹且置是事　先放下這個問題不談。❺是疾寧可忍不八句　以上是文殊對維摩詰的問候。「寧可忍不」，意為「還可以忍受嗎」。「致問無量」，大致相當於今天的「致以最高的問候」。「其生久如」，意為「生病已經多久」。「當云何滅」，意為「應當用什麼方法才能治好」。

【語　譯】這時候，長者維摩詰心中想道：「現在文殊師利正和大眾一同前來。」便運用神力將臥室清空，除去所有器具和侍者，只留下一張床，自己顯現出染病的形相而臥在床上。

文殊師利走進維摩詰室中，見屋內一無所有，只有維摩詰獨自睡在床上。這時維摩詰開口說道：「來得好啊，文殊師利。你不現來相，卻已來了；不顯見相，卻已看見一切。」文殊師利說道：「正是如此，居士。如果已經來到，就不再來；如果已經離去，就不再去。為什麼呢？來的人並不從確定的某處而來，去的人也不到達確定的某處；所能見的再不得見。還是先不談這個吧。居士，你的病苦還可以忍受嗎？病情已經治療好轉，不再加重了吧？世尊對你的病情十分關切，向你致以最高的慰問。居士，這病從何而起？得病已經多久？要如何治療才能痊癒？」維摩詰答道：「眾生由於愚痴無明而生貪愛之心，我的疾病因此產生，已經很久了。因為一切眾生都身患疾病，所以我也會得病；如果一切眾生的疾病能夠痊癒，那麼我的疾病也就痊癒了。為什麼呢？菩薩為了眾生的緣故而進入生死輪迴，有生有死就會有疾病；如果眾生都脫離疾病，那麼菩薩也就不再得病了。譬如長者只有一個兒子，兒子得病父母也就得病，兒子痊癒父母也就痊癒。菩薩也正是如此啊。他關愛眾生猶如父母關愛兒女。眾生得病，菩薩隨之得病；眾生痊癒，菩薩也就隨之痊癒了。你又問我『這病從何而起？』菩薩之病，從大悲而起。」

文殊師利言：「居士此室，何以空無侍者？」維摩詰言：「諸佛國土亦復皆空。」又問：「以何為空？」答曰：「以空空❶。」又問：「空何用空❷？」答曰：「以無分別空故空❸。」又問：「空可分別耶？」答曰：「分別亦空。」又問：「空當於何求？」答曰：「當於六十二見中求❹。」又問：「六十二見當於何求？」答曰：「當於諸佛解脫中求。」又問：「諸佛解脫當於何求？」答曰：「當於一切眾生心行中求。又，仁所問『何無侍者？』一切眾魔及諸外道皆吾侍也。所以者何？眾魔者樂生死，菩薩於生死而不捨❺；外道者樂諸見，菩薩於諸見而不動。」

【注　釋】❶以空空　並不是因為世界一無所有，才說它是空的；世界本性就是空，因此而空。❷空何用空　這句是說：既然世界本性為空，那為什麼還要用空慧去觀照諸法為空呢？上一「空」，指一切本性為空；下一「空」，指空慧，即領悟空理的智慧。❸以無分別空故空　上一「空」為空慧；下一「空」為性空。鳩摩羅什解釋這句說：世界本來性空，是不需要空慧觀照然後才空的；但對「我」而言，如果不用一切無所分別的空慧去觀照，世界就不是空而是有了。❹於六十二見中求　一般說通達空理是正見，六十二見是邪見。從六十二見中求空，意在破除對正邪的區分，揭示正與邪的本質都是空。以下幾句反覆推演，破除外道與佛解脫、佛與眾生的分別。❺於生死而不捨　眾魔沉溺於生死世間的欲樂，二乘見生死之苦而解脫，只有大乘菩薩雖然通達生死的本性，卻並不證入涅槃，而是現身世間救度眾生。

【語　譯】文殊師利說道：「居士啊，你這寢室之內，為什麼空無一物，也沒有侍者呢？」維摩詰答道：「因為諸佛的國土，本身也都是空的。」文殊師利又問：「佛國為什麼是空的呢？」維摩詰答道：「因為國土本性為空，因此空。」又問：「既然本性為空，又何必以空慧來體悟這空呢？」答道：「正是因為以觀照一切皆無分別的智慧來體悟，才認識到空的本性啊。」又問：「空是可以加以分別的嗎？」答道：「分別本身，也是空的。」又問：「空應當從哪裡尋求？」答道：「應當從六十二邪見中尋求。」又問：「六十二邪見應當從哪裡尋求？」答道：「應當從諸佛解脫中尋求。」又問：「諸佛解脫應當從哪裡尋求？」答道：「應當從一切眾生的心意念動中尋求。另外，仁者你問我『為什麼沒有侍者？』一切魔怨和外道都是我的侍者啊。為什麼呢？一切魔怨都沉溺在生死欲樂之中，菩薩通達生死而能不捨離世間，證入涅槃；一切外道都沉溺在邪僻的見解之中，菩薩不捨邪見而能不受誘惑。」

文殊師利言：「居士所疾為何等相❶？」維摩詰言：「我病無形，不可見。」又問：「此病身合❷耶？心合❸耶？」答曰：「非身合，身相離故；亦非心合，心如幻故。」又問：「地大、水大、火大、風大，於此四大，何大之病？」答曰：「是病非地大，亦不離地大。水、火、風大，亦復如是❹。而眾生病從四大起。以其有病，是故我病。」

【注釋】❶相　形相；狀況。❷身合　身體的疾病。合，相關。❸心合　心中的疾病。❹是病非地大四句　疾病由四大不調而起，是因緣聚合之果，故言並非四大的任何一大本身；但正由緣起，亦非與四大無關，故言不離四大。

【語　譯】文殊師利問道：「居士的疾病是什麼症狀呢？」維摩詰答道：「我的病沒有形相，不可看見。」又問：「這病是在身呢？還是在心呢？」答道：「這病不在身，因為肉身離散不實；也不在心，因為心意只是幻化的假象。」又問：「地大、水大、火大、風大，是與這四大中哪一大有關的病呢？」答道：「這病不在於地大，但也不脫離於地大。對於其餘的水、火、風三大，也是如此。而眾生的疾病由四大而起。由於他們有病，因此我有病。」

爾時，文殊師利問維摩詰言：「菩薩應云何慰喻❶有疾菩薩？」維摩詰言：「說身無常，不說厭離於身；說身有苦，不說樂於涅槃；說身無我，而說教導眾生；說身空寂，不說畢竟寂滅；說悔先罪，而不說入於過去❷。以己之疾，愍於彼疾。當識宿世無數劫❸苦，當念饒益一切眾生。憶所修福，念於淨命。勿生憂惱，常起精進。當作醫王，療治眾病。菩薩應如是慰喻有疾菩薩，令其歡喜。」

【注　釋】❶慰喻　安慰開解。❷說悔先罪二句　這二句是說：現在的病苦，是過去罪孽的報應，因此應當懺悔過去之罪。但一切皆空，罪無常性，所以不應當執著於過去之罪。❸劫　「劫波」的簡稱，為印度極長的時間單位，有大中小劫之分。一小劫為一千六百八十萬年，二十小劫為一中劫，合成、住、壞、空四中劫，而為一大劫。一大劫即一個宇宙循環週期。

【語譯】當時，文殊師利向維摩詰問道：「菩薩應當說什麼話來安慰生病的菩薩？」維摩詰答道：「應當說此身無常，而不勸說他厭棄擺脫這身體；說身體的種種困苦，而不勸說他樂於涅槃；說身體沒有主宰性的自我存在，從而勸說他教導眾生；說身體空寂，而不勸說他進入最終的寂滅；勸說他懺悔過去所犯的罪孽，而不勸說他以當下之病為過去之果。勸說他推己及人，從自己的疾病而憐憫眾生的疾病。應當認識到自己在過去的宿世中已經歷過無數的苦難，從此修行以造福眾生。應當回憶起自己所修過的福業，考慮到自己清淨無穢的生命。勸說他不要煩惱憂慮，應當堅持精進修行。勸說他應當做那醫中之王，治療眾生的疾病。菩薩應當像這樣安慰生病的菩薩，讓他心中歡喜。」

文殊師利言：「居士，有疾菩薩云何調伏其心？」維摩詰言：「有疾菩薩應作是念：『今我此病，皆從前世妄想顛倒❶諸煩惱生。無有實法，誰受病者？所以者何？四大合故，假名為身❷。四大無主，身亦無我。又此病起，皆由著我，是故於我不應生著。』既知病本，即除我想及眾生想，當起法想。應作是念：『但以眾法合成此身，起唯法起，滅唯法滅。又此法者，各不相知，起時不言我起，滅時不言我滅❸。』彼有疾菩薩為滅法想，當作是念：『此法想者，亦是顛倒。顛倒者，是即大患，我應離之。』云何為『離』？離我我所。云何『離我我所』？謂離二法。云何『離二法』？謂不念內外諸法，行於平等。云何『平等』？謂我等涅槃等。所以者何？我及涅槃，此二皆空。以何為『空』？但以名字❹故空。如此二法，無決定性❺。得是平等，無有餘病，唯有空病，空病亦空❻。

【注釋】❶顛倒　真假顛倒。世間無常、不樂、無我、不淨，而眾生以世間為常樂我淨，也是顛倒。❷四大合故二句　這二句是說：「身」只是個虛假的名稱，實際上身體是由四大合成，並非確有這樣的實體。❸有疾菩薩應作是念二十四句　以上用世間諸「法」因緣聚合的緣起觀念來破除對具象世間的顛倒妄想。但僅至於「法」，有偏執於「法」之憂，故下文以「空」破之。❹名字　即上文所謂「假名」，為方便而設，空無自性。❺彼有疾菩薩為滅法想二十三句　以上用「空」來破除對「法」的執著。❻得是平等四句　最後破除「空執」——執著於空，也是一種病累，一種偏見。本段層層深入，說明菩薩如何破除妄想偏見。

【語譯】文殊師利問道：「居士，生病的菩薩應當如何使自己的心意調順安穩？」維摩詰答道：

「生病的菩薩應當這樣考慮：『現在我所得的病，都是從前世妄想顛倒的種種煩惱中產生。要知道本來就沒有實體的存在，那麼這病痛還能施加在誰的身上？為什麼呢？萬物由於四大元素的因緣聚合而成，身體只是個虛假的指稱。四大本身就沒有主體，這身體當然也沒有實體性的自我。而這疾病之所以會產生，都是由於執著於自我的存在。因此，不應當對自我產生執著之心。』已經這樣認識到了疾病的本源，然後排除對『自我』和『眾生』真實存在的執著，從而生起對世間諸法的認識。應當這樣考慮：『這身體只是由五陰諸法聚合而成，身體只是由於法的產生而產生，由於法的消滅而消滅。而這諸法又是各自獨立不相瞭解的，生起時不會宣言自己的生起，消滅時也不會宣言自己的消滅。』那有病的菩薩，為了消除執著於『法』的觀念，又應當這樣考慮：『這種將法當作真實存在的看法，也是真假顛倒啊。真假顛倒就是最大的疾病，我應當脫離它。』什麼是『脫離』？就是脫離對主觀自我和客觀外界的執著。怎麼叫『脫離對主觀自我和客觀外界的執著』？這就是說要脫離二法。怎麼叫『脫離二法』？就是說不執著於身內身外諸法的分別，以平等心觀照世界。怎麼叫『平等』？這就是說『我』與『涅槃』平等無分別。為什麼呢？因為『我』與『涅槃』兩者本質都是空的。因為什麼原因而空？只因為名稱虛假的緣故。在名稱之下，這兩者都並無確定的自性。領悟到這平等的涵義，就不再有任何的疾病，而只餘下『執著於空』這種疾病——實際上，『空』本身也是空的。

「是有疾菩薩以無所受而受諸受[1]，未具佛法，亦不滅受而取證也。

設身有苦，念惡趣眾生，起大悲心：『我既調伏，亦當調伏一切眾生。但除其病而不除法❷，為斷病本而教導之。』何謂『病本』？謂有攀緣❸。從有攀緣，則為病本。何所攀緣？謂之三界。云何『斷攀緣』？以無所得。若無所得，則無攀緣。何謂『無所得』？謂離二見。何謂『二見』？謂內見外見。是『無所得』。文殊師利！是為有疾菩薩調伏其心，為斷老病死苦，是菩薩菩提。若不如是，已所修治為無慧利，譬如勝怨❹，乃可為勇；如是兼除老病死者，菩薩之謂也。

「彼有疾菩薩應復作是念：『如我此病非真非有，眾生病亦非真非有。』作是觀時，於諸眾生若起愛見大悲，即應捨離。所以者何？菩薩斷除客塵❺煩惱而起大悲。愛見悲者，則於生死有疲厭心；若能離此，無有疲厭。在在所生，不為愛見之所覆❻也。所生無縛，能為眾生說法解縛。如佛所說：『若自有縛，能解彼縛，無有是處；若自無縛，能解彼縛，斯有是處。』是故菩薩不應起縛。

「何謂『縛』？何謂『解』？貪著禪味，是菩薩縛；以方便生，是菩薩解。又，無方便，慧，縛；有方便，慧，解。無慧，方便，縛；有慧，方便，解❼。何謂『無方便慧縛』？謂菩薩以愛見心莊嚴佛土成就眾生，於空無相無作法中而自調伏，是名『無方便慧縛』。何謂『有方便慧解』？謂不以愛見心莊嚴佛土成就眾生，於空無相無作法中以自調伏而不疲厭，是名『有方便慧解』。何謂『無慧方便縛』？謂菩薩住貪欲、瞋恚、邪見等諸煩惱，而殖眾德本，是名『無慧方便縛』。何謂『有慧方便解』？謂離諸貪欲、瞋恚、邪見等諸煩惱，而殖眾德本，迴向阿耨多羅三藐三菩提，是名『有慧方便解』。

「文殊師利！彼有疾菩薩應如是觀諸法。又復觀身無常、苦、空、非我，是名為慧；雖身有疾，常在生死，饒益一切而不厭倦，是名方便。又復觀身，身不離病，病不離身，是病是身，非新非故，是名為慧。設身有疾，而不永滅，是名方便。

【注釋】❶諸受　受，指內心對外界的感受。有三受：一、苦受，外界引起的苦惱感受。二、樂受，外界引起的愉悅感受。三、捨受，或稱不苦不樂受，即捨離苦樂的感受。❷但除其病而不除法　眾生的病在於真假顛倒，妄想偏見，而不在於法；法的本質為空，無可破除，所要破除的只是眾生的妄想之病。❸攀緣　附著；對其他事物有所依憑。❹勝怨　戰勝敵人。❺客塵　塵垢煩惱並非內心原有，而是外界對內心的干擾，所以稱為客塵。❻覆　覆蓋；遮蔽。❼無方便慧縛四句　這四句的意思是：沒有方便度人的力量而有智慧，或者擁有方便度人的力量卻沒有智慧，這都是束縛。只有兩者都具備，才是解脫。

【語　譯】「這有病的菩薩以無所受的心意而受樂、受苦、受捨。當他還沒有圓滿領悟佛法的時候，並不就斷滅三受而證得果報。當他身受苦痛的時候，便憐憫在惡道中輪迴的眾生，發起大悲心而想道：『我自己的心意已經調順安穩，就應當令一切眾生的心意也都調順安穩。所應當除去的是眾生的妄想之病，而不是除去諸法。應當為了斷絕疾病的本源而教導他們。』什麼叫做『疾病的本源』？這是指有所攀緣依附。因為有攀緣依附，就產生了疾病的本源。攀緣依附在什麼上面呢？那就是欲、色、無色三界。怎麼能夠『斷絕攀緣』？通過無所得的道理。如果心中無所得，就不會有攀緣依附。什麼叫做『無所得』？這是指要脫離二見。什麼叫做『二見』？這是指內執著於自我，外執著於諸法。能夠脫離這兩種執著之見，就能無所得。文殊師利！這就是有病的菩薩使自己心意調順安穩，並且斷滅眾生的老病死苦的法門，這就是菩薩的覺悟之道。如果不依此道修行，那麼已作的修行不會有任何得益。譬如人要能戰勝仇敵，才能稱為勇猛；要像這樣，既使自己心意調順，又同時除滅眾生的老病死苦，才能稱為是菩薩啊。

「那有病的菩薩又應當這樣考慮：『正如我這疾病並非真實存在一樣，眾生的病也同樣並非真實的存在。』當他作這樣的觀照時，如果由於愛念眾生而生出大悲之心，那是應當捨棄脫離的。為什麼呢？菩薩應當為了斷除外界塵緣所引起的煩惱而起大悲心，如果由於愛念而悲憫眾生，就不免對生死有所厭倦。如果能夠脫離這種愛念，就不再會有厭倦。菩薩所生起的種種心意，不為愛憎偏見所障蔽。因為自己不被偏見所束縛，才能為眾生說法，解脫他們的束縛。正如佛所說：『如果自己受束縛，卻能夠解脫別人的束縛，這是沒有的事情；如果自己不被束縛，而能夠解脫別人的束縛，這才合乎事理。』因此菩薩不應當被束縛。

「什麼叫做『束縛』？什麼叫做『解脫』？貪戀執著於禪定修行的滋味，這就是菩薩的束縛；以方便救度眾生，這就是菩薩的解脫。此外，如果不能方便度化眾生，只具備通達實相的智慧，這就是束縛；如果既能方便度化眾生，又具備通達實相的智慧，這才是解脫。如果沒有通達實相的智慧，只會以方便度化眾生，這也是束縛；如果既具備通達實相的智慧，又能方便度化眾生，這才是解脫。什麼叫做『不能方便度化而只有智慧便是束縛』呢？這是說，菩薩以愛見之心裝飾佛土、教化眾生，在空、無相、無作三解脫門中令自己內心調順安穩，這就叫『不能方便度化而只有智慧便是束縛』。什麼叫做『既能方便度化又有智慧才是解脫』呢？這是說，菩薩不以愛見之心裝飾佛土、教化眾生，在空、無相、無作三解脫門中令自己內心調順安穩，並且不對生死產生厭倦，這就叫『既能方便度化又有智慧才是解脫』。什麼叫做『沒有智慧而只會方便度化便是束縛』呢？這是說，菩薩留駐在貪欲、瞋恚、邪見等各種煩惱之中，而能修行德業，這就叫做『沒有智慧而只會方便度化便是束縛』。什麼叫做『既有智慧又能方便度化才是解脫』呢？這是說，菩薩擺脫貪欲、瞋恚、邪見等種種煩惱，並且修行德業，獲得無上正等正覺，這就叫做『既有智慧又能方便度化才是解脫』。

「文殊師利！那有病的菩薩應當這樣觀照世間一切。此外，應當觀照肉身的無常、苦、空、非我，這才叫做通達智慧；雖然自身有病，卻堅持處在生死之中，造福眾生而不厭倦，這才叫做方便度化。此外，還應當觀照自身，身體不脫離疾病，疾病不脫離身體，既是疾病又是身體，生滅流轉而無新舊之分，這才叫做通達智慧；當身體有病的時候而不追求永遠的寂滅，這才叫做方便度化。

「文殊師利！有疾菩薩應如是調伏其心：不住其中，亦復不住不調伏心。所以者何？若住不調伏心，是愚人法；若住調伏心，是聲聞法。是故菩薩不當住於調伏不調伏心。離此二法，是菩薩行。在於生死，不為汙行；住於涅槃，不永滅度，是菩薩行。非凡夫行，非賢聖行，是菩薩行。非垢行，非淨行，是菩薩行。雖過魔行，而現降伏眾魔，是菩薩行。求一切智，無非時求，是菩薩行。雖觀諸法不生，而不入正位，是菩薩行。雖觀十二緣起，而入諸邪見，是菩薩行。雖攝一切眾生，而不愛著，是菩薩行。雖樂遠離，而不依身心盡，是菩薩行。雖行三界，而不壞法性，是菩薩行。雖行於空，而殖眾德本，是菩薩行。雖行無相，而度眾生，是菩薩行。雖行無作，而現受身，是菩薩行。雖行無起❶，而起一切善行，是菩薩行。雖行六波羅蜜，而徧知眾生心心數法❷，是菩薩行。雖行六通，而不盡漏，是菩薩行。雖行四無量心，而不貪著生於梵世❸，是菩薩行。雖行禪定解脫三昧，而不隨禪生❹，是菩薩行。雖行四念處，而不永離身受心法，是菩薩行。雖行四正勤，而不捨身心精進，是菩薩行。雖行四如意足，而得自在神通，是菩薩行。雖行五根，而分別眾生諸根利鈍，是菩薩行。雖行五力，而樂求佛十力，是菩薩行。雖行七覺分，而分別佛之智慧，是菩薩行。雖行八聖道，而樂行無量佛道，是菩薩行。雖行止觀助道之法，而不畢竟墮於寂滅，是菩薩行。雖行諸法不生不滅，而以相好莊嚴其身，是菩薩行。雖現聲聞辟支佛威儀，而不捨佛法，是菩薩行。雖隨諸法究竟淨相，而隨所應為現其身，是菩薩行。雖觀諸佛國土永寂如空，而現種種清淨佛土，是菩薩行。雖得佛道轉於法輪入於涅槃，而不捨於菩薩之道，是菩薩行❺。」

說是語時，文殊師利所將大眾，其中八千天子，皆發阿耨多羅三藐三菩提心。

【注釋】❶無起　即無生。無生法忍因為體悟法性，寂靜無所生起，因此亦稱無起。❷心心數法　通稱心心所。對於八識（六識再加末那識、阿賴耶識）而言，每一識均由心和許多心所聚成。心是統一的主宰，而心所是各種分別作用，以一心統領各心所。在這裏可以寬泛理解為各種心意及對外界的作用。❸梵世　即梵天。❹隨禪生　修行禪定，則應得到一定的果報，未來轉生於相應的世界。❺文殊師利……是菩薩行　這一段闡述菩薩解悟空理而又不捨有為法的正道。

【語　譯】「文殊師利！有病的菩薩應當這樣使自己的心意調順安穩：既不處在調順安穩的心意中，也不處在不調順安穩的心意中。為什麼呢？如果他處在不調順安穩的心意中，那就只是愚昧無知的凡人罷了；如果他只處在調順安穩的心意中，那就是聲聞小乘了。因此，菩薩不應當只留駐在調順安穩或不調順安穩的心意中，只有脫離了這兩種單純的狀態，才是菩薩的修行之道。處在生死之中卻不被塵緣所沾染，處在涅槃之中卻不永遠寂滅，才是菩薩的修行之道。所作所為既不同於凡人，也不同於已經證果解脫的聖賢，才是菩薩的修行之道。所作所為並非汙穢，但也不是清淨，才是菩薩的修行之道。雖然早已不被魔怨纏繞，卻顯現降伏魔怨之相，才是菩薩的修行之道。雖然追求一切種智，卻不在修行未完滿時便中道求證，才是菩薩的修行之道。雖然認識到世間一切無生無滅，卻不證入涅槃正果，才是菩薩的修行之道。雖然領悟到十二緣起的真諦，卻仍在六十二見之中，才是菩薩的修行之道。雖然護持一切眾生，卻不對他們有愛念不捨之心，才是菩薩的修行之道。雖然樂於遠離生死世間，卻不追求身心皆滅，才是菩薩的修行之道。雖然託生在三界之中，卻不迷失法性，才是菩薩的修行之道。雖然修行空的法門，卻培植一切功德，才是菩薩的修行之道。雖然修行無相的法門，卻超度眾生，才是菩薩的修行之道。雖然修行無作的法門，卻現身於輪迴之中，才是菩薩的修行之道。雖然修行無起之法，卻發起一切善行，才是菩薩的修行之道。雖然修行六度，同時又能夠瞭解一切眾生的心意，才是菩薩的修行之道。雖然修行六神通力，卻不除滅煩惱，才是菩薩的修行之道。雖然施行四無量心，卻不貪戀執著於生在清淨梵天，才是菩薩的修行之道。雖然修行禪定解脫，卻不會因禪定所獲果報而相應受生，才是菩薩的修行之道。雖然修行四念處，卻不追求最終脫離身受心法，才是菩薩的修行之道。雖然圓滿修行四正勤，卻不捨棄身心精進而入無為，才是菩薩的修行之道。雖然仍在修行四如意足，卻已經如意變化神通無礙，才是菩薩的修行之道。雖然自身修行五根，卻又善於分辨眾生的根性利鈍，才是菩薩的修行之道。雖然修行五力，卻樂於追求佛的十力，才是菩薩的修行之道。雖然修行七覺分，同時又善於分別佛的種種不同智慧，才是菩薩的修行之道。雖然修行八正道，卻樂於追求無限深奧的佛道，才是菩薩的修行之道。雖然修行止觀法門以助涅槃，卻不墮入永遠的寂滅，才是菩薩的修行之道。雖然修行佛法，領悟到一切不生不滅，卻又展現美妙莊嚴的形相，才是菩薩的修行之道。雖然顯現聲聞辟支佛的威嚴儀容，卻不背離大乘佛法，才是菩薩的修行之道。雖然依隨世界的清淨本質，已無形貌色相，卻又順應眾生的願望而方便化身，才是菩薩的修行之道。雖然領悟到諸佛國土根本上也是寂滅為空，卻又顯現出種種清淨佛土，才是菩薩的修行之道。雖然已經獲得佛道，運轉法輪進入涅槃之境，卻並不捨棄菩薩道法，才是菩薩的修行之道。」

當維摩詰這樣說法的時候，文殊師利所率領的大眾之中，有八千天子，都生起了求無上正等正覺之心。

不思議品第六

【題解】本品承上品而展開。維摩詰當文殊將來之時，以神力將室內清空，使無侍者在側，無床座可坐；上品中由前者引出了「空」的論議，此品則由後者導出求座抑或求法的議論，對於「佛法」的特點作了一番發揮，並破解求法者的執著之心。以下，維摩詰以神力將須彌燈王佛土移至此一世界，顯示了不可思議的神通，表現菩薩乘為了覺悟眾生而設方便法門之自在無礙。

爾時，舍利弗見此室中無有床座，作是念：「斯諸菩薩大弟子眾，當於何坐？」

長者維摩詰知其意，語舍利弗言：「云何仁者？為法來耶？求床座耶？」

舍利弗言：「我為法來，非為床座。」

維摩詰言：「唯！舍利弗。夫求法者不貪軀命，何況床座？夫求法者，非有色、受、想、行、識之求，非有界、入之求，非有欲、色、無色之求。唯！舍利弗。夫求法者，不著佛求，不著法求，不著眾求。夫求法者，無見苦求，無斷集求，無造盡證、修道之求。所以者何？法無戲論。若言『我當見苦、斷集、證滅、修道』，是則戲論，非求法也❶。

「唯！舍利弗。法名寂滅，若行生滅，是求生滅，非求法也。法名無染❷，若染於法，乃至涅槃，是則染著，非求法也。法無行處，若行於法，是則行處，非求法也。法無取捨，若取捨法，是則取捨，非求法也。法無處所，若著處所，是則著處，非求法也。法名無相，若隨相識❸，是則求相，非求法也。法不可住❹，若住於法，是則住法，非求法也。法不可見、聞、覺、知，若行見、聞、覺、知，是則見、聞、覺、知，非求法也。法名無為，若行有為，是求有為，非求法也。是故，舍利弗！若求法者，於一切法應無所求❺。」

說是語時，五百天子於諸法中得法眼淨。

【注　釋】❶夫求法者不貪軀命……非求法也　這段總論求法者對五蘊、十八界、十二入、三界、四諦皆無所求，因為有所求則有所取捨、有所貪著，不能安住法性。❷無染　不被沾染，即不執著。❸隨相識　根據表象去認識。❹住　獲取；使其停留。❺法名寂滅……於一切法應無所求　這段列舉各種求法的誤區，破一切求法者常有的執著。

【語　譯】當時，舍利弗看見這臥室中沒有擺設座位，便想道：「我們這眾位菩薩和大弟子，應當坐在哪裡呢？」

長者維摩詰察覺到舍利弗的心意，便對他說道：「仁者舍利弗，你在想什麼呢？你是為求法而來的呢？還是為求座位而來的呢？」

舍利弗答道：「我是為了求法而來的，並非為了座位。」

維摩詰道：「呵！舍利弗。求法者應當是連自己的身軀性命都不貪戀的，何況座位呢？說到求法者，他沒有對色、受、想、行、識五蘊的欲求，沒有對十八界、十二入的欲求，也沒有對欲、色、無色三界的欲求。呵！舍利弗。說到求法者，他不執著於求佛，不執著於求法，也不執著於求僧眾。求法者不強求認識『苦』，不強求斷絕『集』，不強求為了除滅苦集而修道。為什麼呢？佛法沒有虛誇無理的言論。如果說『我應當見苦、斷集、證滅、修道』，這就是虛誇無理的言論，而不是真正的求法了。

「呵！舍利弗。法的名字是寂滅，如果修行生滅之法，那就是追求生滅，而不是求法了。法的名字是無染，如果沾染執著於求法，甚至執著於求涅槃，那就是求執著，而不是求法了。法是不分各種修行境界的，如果宣稱修行佛法，那就是修行境界，而不是求法了。法是無取無捨的，如果對法有所取捨，那就是求取捨，而不是求法了。法是沒有確定所在的，如果執著於法在何處，那就是執著於處所，而不是求法了。法的名字是無相，如果追隨形相去求法，這就是追求表相，而不是求法了。法是不可被獲取收藏的，如果說能獲取法，使法留住，這就是留住法，而不是求法了。法是不可被看見、聽聞、察覺、認知的，如果努力要看見、聽聞、察覺、認知法，這就是見、聞、覺、知，而不是求法了。法的名字是無為，如果有所修行作為，那麼就是追求有為，而不是求法了。因此，舍利弗！如果是真正求法的人，就應該對一切法都無所追求。」

當維摩詰這樣說法的時候，五百位天子在諸法中得到法眼淨。

爾時，長者維摩詰問文殊師利：「仁者遊於無量千萬億阿僧祇❶國，何等佛土有好上妙❷功德成就師子之座？」文殊師利言：「居士，東方度三十六恆河沙❸國，有世界名『須彌相』，其佛號須彌燈王，今現在。彼佛身長八萬四千由旬❹，其師子座高八萬四千由旬，嚴飾第一。」於是長者維摩詰現神通力，即時彼佛遣三萬二千師子座，高廣嚴淨，來入維摩詰室，諸菩薩、大弟子、釋、梵、四天王等，昔所未見。其室廣博，悉皆包容三萬二千師子座，無所妨礙；於毗耶離城及閻浮提❺四天下，亦不迫迮❻，悉見如故。

爾時，維摩詰語文殊師利：「就師子座，與諸菩薩上人俱坐，當自立身❼，如彼座像。」其得神通菩薩，即自變形為四萬二千由旬，坐師子座。諸新發意菩薩❽及大弟子皆不能昇。爾時，維摩詰語舍利弗：「就師子座。」舍利弗言：「居士，此座高廣，吾不能昇。」維摩詰言：「唯！舍利弗，為須彌燈王如來作禮，乃可得坐。」於是新發意菩薩及大弟子即為須彌燈王如來作禮，便得坐師子座。

【注　釋】❶阿僧祇　意譯為「無數」，為印度的數量單位。計萬萬為億，萬億為兆，則一阿僧祇的數量為一千萬萬萬萬萬萬萬兆。這裏只是泛指，極言其多。❷好上妙　最為美妙。❸恆河沙　恆河是印度有名的大河，恆河沙數也是形容極大的數目。❹由旬　或譯「由延」、「踰繕那」等，為印度的長度單位。其長度為軍隊一天的行軍路程，或說三十里，或說四十里。❺閻浮提　即我們所處的這一世界，為四大洲中的南瞻部洲。因為洲的中心有閻浮樹林，故稱閻浮提世界。❻迫迮　局促；狹小。❼立身　謂變化身形。❽新發意菩薩　新發心立意求為菩薩的人。

【語　譯】這時，長者維摩詰向文殊師利問道：「仁者啊，你遊歷過千萬億阿僧祇數的國度，哪裡的佛土擁有最美妙的功德完滿的獅子寶座？」文殊師利答道：「居士，向東方經過三十六恆河沙數的國度，有個世界，名為『須彌相』。這國土上的佛，號為須彌燈王，如今正在世上。那位佛祖身長八萬四千由旬，他的獅子寶座也高八萬四千由旬，裝飾得最為莊嚴美好。」於是長者維摩詰運用神通力量，那須彌相佛當即遣送三萬二千座高大寬廣、莊嚴清淨的獅子寶座，來到維摩詰的臥室，都是各位菩薩、大弟子、天帝釋、梵天、四天王等所未曾見到過的。維摩詰的臥室極其廣大寬博，容納所有三萬二千座獅子寶座，毫不局促；而這臥室，相對於所處毗耶離城及閻浮提四天下的大小，也絲毫不顯局促，一切都如同原來的樣子。

這時，維摩詰對文殊師利說道：「請上座吧，和各位菩薩上人一同就座。請你們自己變化身形，與寶座的大小相應。」於是那些已經得到神通的菩薩，都變形為身長四萬二千由旬之高，坐進獅子座中，而新近發願的菩薩和各大弟子都無法上座。這時，維摩詰便對舍利弗說道：「請就獅子寶座吧。」舍利弗答道：「居士，這寶座太高太大，我坐不上去。」維摩詰說道：「哦，舍利弗。你要先向須彌燈王如來行禮，才能夠坐上去。」於是那些新近發願的菩薩和各大弟子都向須彌燈王如來行禮，就坐上了獅子寶座。

舍利弗言：「居士，未曾有也。如是小室，乃容受此高廣之座，於毗耶離城無所妨礙，又於閻浮提聚落城邑及四天下諸天龍王鬼神宮殿亦不迫迮。」

維摩詰言：「唯！舍利弗，諸佛菩薩有解脫，名『不可思議』。若菩薩住是解脫者，以須彌之高廣內芥子中❶，無所增減，須彌山王本相如故，而四天王忉利諸天不覺不知己之所入，唯應度者❷乃見須彌入芥子中，是名不可思議解脫法門。又以四大海水❸入一毛孔，不嬈魚鼈黿鼉水性之屬，而彼大海本相如故，諸龍鬼神阿修羅等不覺不知己之所入，於此眾生亦無所嬈。又，舍利弗！住不可思議解脫菩薩，斷取三千大千世界如陶家輪❹，著右掌中擲過恆沙世界之外，其中眾生不覺不知己之所往；又復還置本處，都不使人有往來想，而此世界本相如故。又，舍利弗！或有眾生樂久住世而可度者，菩薩即演❺七日以為一劫，令彼眾生謂之一劫；或有眾生不樂久住而可度者，菩薩即促一劫以為七日，令彼眾生謂之七日。又舍利弗！住不可思議解脫菩薩，以一切佛土嚴飾之事，集在一國，示於眾生。又，菩薩以一佛土眾生置之右掌，飛到十方，徧示一切，而不動本處。又，舍利弗！十方眾生供養諸佛之具，菩薩於一毛孔皆令得見；又十方國土所有日月星宿，於一毛孔普使見之。又，舍利弗！十方世界所有諸風，菩薩悉能吸著口中而身無損，外諸樹木亦不摧折；又十方世界劫盡燒時❻，以一切火內於腹中，火事如故而不為害。又，於下方過恆河沙等諸佛世界，取一佛土舉著上方，過恆河沙無數世界，如持針鋒舉一棗葉而無所嬈。又，舍利弗！住不可思議解脫菩薩，能以神通現作佛身，或現辟支佛身，或現聲聞身，或現帝釋身，或現梵王身，或現世主身，或現轉輪聖王身；又十方世界所有眾聲，上、中、下音，皆能變之，令作佛聲，演出無常、苦、空、無我之音，及十方諸佛所說種種之法，皆於其中普令得聞。舍利弗！我今略說菩薩不可思議解脫之力，若廣說者，窮劫不盡。」

【注釋】❶以須彌之高廣內芥子中　內，通「納」。芥子，形容極其細小。須彌山至大而芥子至小，以須彌納於芥子，是佛經中有名的譬喻，極言菩薩神通之廣大。❷應度者　菩薩所要度化的對象。❸四大海水　佛教以圍繞須彌山四方的外海為四海。❹陶家輪　製陶工匠所用的轉輪。❺演　通「延」。延長。和下文的「促」相對。❻劫盡燒時　當劫壞之時有火災，大火燒盡世界。按：壞劫時有三災，依次為火災、水災、風災。

【語　譯】舍利弗讚歎道：「居士！這真是未曾有過的奇蹟啊。這樣狹小的臥室，竟然容納了這樣高大寬廣的寶座；於毗耶離城無礙，而對於閻浮提洲中的村落城鎮，還有四天下諸天、龍王、鬼神宮殿，也並不顯得局促。」

維摩詰說道：「呵！舍利弗。諸佛菩薩有解脫法門，名為不可思議。當菩薩住此解脫境界時，即使將高聳巨大的須彌山裝進芥子裏，兩者也都並不增大或縮小，須彌山王的形相和原來一樣，而四天王和忉利諸天都不能察覺自己被移入芥子之中，只有被度化者才看見須彌山被裝進了芥子裏面，像這樣就叫做不可思議解脫法門。同樣，如果將四大海水灌入一個毛孔當中，並不會妨礙到魚鱉黿鼉這些水族的自由，那大海的形相也和原來一樣，諸龍、鬼、神、阿修羅等都不能察覺自己被移入毛孔之中，這些眾生的行動同樣不受妨礙。還有，舍利弗！在不可思議解脫法門中的菩薩，他截斷三千大千世界猶如製陶工人的轉輪，將其放在右手掌心，擲出恆河沙數的世界之外，而這世界中的眾生都不能察覺自己被拋出如此遙遠；然後菩薩又將這世界放回原處，其中眾生也不會發現這往返的旅途，而世界的形相和原來一樣。還有，舍利弗！如果有些眾生貪戀於長久地住在世間，但仍然可以度化，菩薩便延長時間，令他們以為七天便是一劫之長。如果有些眾生厭倦長久住在世間，但仍然可以度化，菩薩便縮短時間，令他們以為一劫只是七天之短。還有，舍利弗！在不可思議解脫法門中的菩薩，能夠將一切佛土上的美好裝飾集中在一國之中，展示於眾生眼前。菩薩又能將一整個佛土上的眾生都托舉在右手掌心中，飛到十方，將一切展示於眼前，而佛土眾生都好像仍在原處。還有，舍利弗！十方眾生供養菩薩的所有器物，菩薩能令其完全顯現在一個毛孔之中；十方國土上的所有日月星辰，菩薩也能完全顯現在一個毛孔之中。還有，舍利弗！十方世界所有的風，菩薩能夠完全吸納在口中而不損壞身體，外界的樹木也不會由於風而被摧折；當十方世界劫盡時，產生焚燒世界的大火，菩薩能夠將一切大火吞食在腹中，大火繼續燃燒卻不損壞身體。菩薩從下方經過恆河沙數的諸佛世界，截取一方佛土高舉于上方，又走過恆河沙數的無數世界，也猶如以針尖承舉一片小棗葉，輕巧而無所阻礙。還有，舍利弗！在不可思議解脫法門中的菩薩，能以神通力變化，顯現出佛身，或者顯現出辟支佛身，或者顯現出聲聞之身，或者顯現出帝釋身，或者顯現出梵天王身，或者顯現出世間君王世主之身，或現轉輪聖王之身；十方世界的種種聲音，上等、中等、下等的聲音，菩薩都能夠將其變化成最為精微美妙的佛聲，演出無常、苦、空、無我的說法之音，此外，十方諸佛種種說法的言辭聲音，都可在世上被大眾聽到。舍利弗！我現在只是簡要地描述菩薩的不可思議解脫神力，如果要廣泛全面地陳述，即使窮盡這一劫的時光都無法說盡。」

是時，大迦葉聞說菩薩不可思議解脫法門，歎未曾有，謂舍利弗：

「譬如有人，於盲者前現眾色像，非彼所見；一切聲聞，聞是不可思議解脫法門，不能解了，為若此也。智者聞是，其誰不發阿耨多羅三藐三菩提心？我等何為？永絕其根，於此大乘，已如敗種❶。一切聲聞，聞是不可思議解脫法門，皆應號泣，聲震三千大千世界；一切菩薩，應大欣慶頂受❷此法。若有菩薩信解不可思議解脫法門者，一切魔眾無如之何❸。」

大迦葉說此語時，三萬二千天子皆發阿耨多羅三藐三菩提心。

【注釋】❶敗種　已經敗壞不能發芽的種子。這裏是形容聲聞弟子根底已經敗壞，無法修行大乘。❷頂受　頂禮接受。頂禮，即頭面禮足，頭和四肢著地，以頭面觸碰受禮者的足背，俗稱「五體投地」。❸無如之何　對他無可奈何。

【語譯】這時，大迦葉聽到維摩詰陳說菩薩的不可思議解脫法門，讚歎這是未曾有過的奇蹟，便對舍利弗說道：「譬如有人，在盲人的面前顯現各種形象，盲人卻都無法看見；一切聲聞弟子，聽到如此不可思議解脫法門卻無法理解，正如那盲人一樣啊。如果是通達智慧的人聽到，有誰會不發起求無上正等正覺之心呢？而我們還能有何作為？我們對於這大乘之道，已經如同腐敗的種子一樣，永遠斷絕了生根發芽的希望！一切聲聞弟子，聽到如此不可思議解脫法門，都應當呼號哭泣，哭聲震動三千大千世界；一切菩薩，都應當皆大歡喜，行禮受持這正法。如果是相信而領悟了不可思議解脫法門的菩薩，一切魔怨都對他無可奈何。」

當大迦葉這樣說的時候，三萬二千位天子都發起求無上正等正覺之心。

爾時，維摩詰語大迦葉：「仁者！十方無量阿僧祇世界中作魔王者，多是住不可思議解脫菩薩，以方便力教化眾生，現作魔王。又，迦葉！十方無量菩薩，或有人從乞手足耳鼻、頭目髓腦、血肉皮骨、聚落城邑、妻子奴婢、象馬車乘、金銀瑠璃、硨磲瑪瑙、珊瑚琥珀、真珠珂貝、衣服飲食，如此乞者，多是住不可思議解脫菩薩，以方便力而往試之，令其堅固。所以者何？住不可思議解脫菩薩，有威德力，現行逼迫，示諸眾生如是難事。凡夫下劣，無有力勢，不能如是逼迫菩薩，譬如龍象蹴踏❶，非驢所堪。是名住不可思議解脫菩薩智慧方便之門。」

【注　釋】❶蹴踏　踐踏。

【語　譯】當時，維摩詰向大迦葉說道：「仁者呵，在十方上下無數阿僧祇世界中的魔王，大多是秉持不可思議法門的菩薩，他們為了以方便力教化眾生而現身為魔王。此外，大迦葉，或者有人向十方上下無數菩薩乞討，要他們布施手足耳鼻、頭目髓腦、血肉皮骨、聚落城邑、妻子奴婢、象馬車乘、金銀瑠璃、硨磲瑪瑙、珊瑚琥珀、真珠珂貝、衣服飲食等等一切所有，像這樣的乞討者，大多也是秉持不可思議法門的菩薩，他們以方便力考驗布施的菩薩，使其修道之心堅固。為什麼呢？秉持不可思議法門的菩薩擁有威儀功德圓滿之力，故意逼迫為難布施的菩薩，來向眾生展示這樣困難的事情。凡人卑賤劣弱，沒有強大的力量威勢能這樣來迫難布施菩薩，正如神龍巨象的踐踏非驢子所能承受。這就叫做秉持不可思議解脫法門菩薩的智慧方便之門。」

觀眾生品第七

【題解】大乘菩薩乘的真精神就是要解脫世間苦海中的一切眾生，本品開篇文殊兩問——「應該如何觀照眾生？」「如果視眾生為虛妄不實，那麼如何對他們施行慈悲心呢？」——所關涉者即在此。維摩詰的回應是既視眾生為虛幻不實的緣起之果，又須實行慈、悲、喜、捨四無量心，是則不滯於空也不滯於有，得其中道。這既是有無圓通的表現，也顯示了平等智慧；下文天女散花一節，明確指出佛之弟子之所以不能擺落天華，就是因為他們「生分別想」而不能認識到花與佛法平等無別。本品的後半部分，「已能遊戲菩薩神通」的天女和佛的大弟子舍利弗，轉而成為對答的主角，他們對答的主題主要仍然是圓通無執。天女提出，對於傲慢自是的人，佛會教導他們擺脫淫、怒、痴三毒是解脫，而對於不自滿固執的人，佛則會教導他們淫、怒、痴三毒就是解脫；天女還自述，為以聲聞法教化眾生，她修行聲聞乘，為以因緣法教化眾生，她修行辟支佛乘，為以大悲法教化眾生，她修行大乘。這都體現了方便隨緣的精神。接著，轉換性別身形一節，說明「一切諸法」「無在無不在」，不當執著的道理。

爾時，文殊師利問維摩詰言：「菩薩云何觀於眾生❶？」維摩詰言：

「譬如幻師見所幻人，菩薩觀眾生為若此。如智者見水中月，如鏡中見其面像，如熱時焰❷，如呼聲響❸，如空中雲，如水聚沫，如水上泡，如芭蕉堅，如電久住，如第五大，如第六陰，如第七情，如十三入，如十九界❹。菩薩觀眾生為若此。如無色界色，如焦穀芽❺，如須陀洹身見，如阿那含入胎，如阿羅漢三毒❻，如得忍菩薩貪恚毀禁，如佛煩惱習，如盲者見色，如入滅盡定出入息❼，如空中鳥跡❽，如石女兒❾，如化人煩惱，如夢所見已寤❿，如滅度者受身，如無烟之火。菩薩觀眾生為若此⓫。」

【注釋】❶菩薩云何觀於眾生　菩薩應當怎樣看待眾生。❷熱時焰　熱天的陽焰。陽焰，指陽光下浮動的灰塵，口渴者遠望則誤以為水氣。❸呼聲響　呼喊聲的回音。❹如第五大五句　情，這裏指六情，即六根，而不是指喜怒哀樂愛惡欲七情。世間只有四大、五陰、六情、十二入、十八界，超出此數目的當然就是不存在的虛幻之數。❺焦穀芽　焦穀，指灼燒過的穀種，即敗種。芽，發芽。❻如須陀洹身見三句　聲聞乘果報從低到高分為四個階層：一、須陀洹果，意譯為「入流」。凡人初入法流，擺脫執著生死、區分人我的偏見。二、斯陀含果，意譯為「一來」。未能完全斷絕欲界思惑，仍應在人間和天界受生一世。三、阿那含果，意譯為「不還」。

斷盡欲惑，不再受生欲界，而生於色界無色界。四、阿羅漢果，意譯為「不生」。斷一切思惑，永入涅槃，不再轉生三界，在聲聞乘中為至高無上的果報。得須陀洹果者已無分別偏見，得阿那含果者已不再生於欲界，得阿羅漢果者已斷一切思惑，因此這三句所說的情況都是絕不可能發生的。❼如入滅盡定出入息　這句是說：如同已經進入滅盡定卻仍有呼吸。滅盡定，或稱滅受想定。這是已得阿那含果的聖者所修的禪定，滅盡六識（眼耳鼻舌身意）心、心所。入定最長為七天。出入息，呼吸。僧肇注：「心馳動於內，息出入於外。心想既滅，故息無出入也。」❽鳥跡　飛鳥在空中留下的痕跡。❾石女兒　石女，先天無法生育的女性。兒，作動詞，生育。❿夢所見已寤　夢中看到了真實的情景，和醒過來以後一樣。寤，夢醒。⓫譬如幻師見所幻人……菩薩觀眾生為若此　這一段，列舉各種虛幻無常或不可能發生的現象狀況，譬喻菩薩觀待眾生的態度，也應當是以眾生為虛幻不實。

【語　譯】那時，文殊師利向維摩詰問道：「菩薩怎樣觀照眾生？」維摩詰答道：「譬如魔術師看待他自己所變化出來的幻影人像，菩薩觀照眾生也是如此。正如同智者看見水中之月，如同在鏡中看見自己的面容，如同夏日中的陽焰，如同呼喊聲的回響，如同虛空中飄蕩的雲氣，如同水面上聚集的泡沫，如同芭蕉之心堅實，如同電光長久停留，如同第五大，如同第六陰，如同第七情，如同第十三入，如同第十九界。菩薩觀照眾生，就是作如此虛妄不實觀的。如同無色界中的色相，如同燒焦的穀種發芽，如同已得須陀洹果卻還有形相，如同已得阿那含果卻還會轉生，如同已得阿羅漢果卻還有三毒，如同已得無生法忍的菩薩還有貪戀恚怒之心而違反戒律，如同佛祖被煩惱纏繞，如同盲人看見事物形相，如同已進入滅盡定卻仍有呼吸，如同空中飛鳥留下的痕跡，如同石女能夠生育，如同幻化之人有煩惱，如同夢醒後看見情景與夢中一致，如同已滅度者卻又受生獲得身體，如同無煙之火。菩薩觀照眾生，就是作如此虛妄不實觀的。」

文殊師利言：「若菩薩作是觀❶者，云何行慈？」維摩詰言：「菩薩作是觀已，自念：『我當為眾生說如斯法。』是即真實慈也。行寂滅慈，無所生故；行不熱❷慈，無煩惱故；行等之慈，等三世故；行無諍❸慈，無所起故；行不二慈，內外不合故；行不壞慈，畢竟盡故；行堅固慈，心無毀故；行清淨慈，諸法性淨故；行無邊慈，如虛空故；行阿羅漢慈，破結賊❹故；行菩薩慈，安眾生故；行如來慈，得如相故；行佛之慈，覺眾生故；行自然慈，無因得故；行菩提慈，等一味❺故；行無等慈，斷諸愛故；行大悲慈，導以大乘故；行無厭慈，觀空無我故；行法施慈，無遺惜故；行持戒慈，化毀禁故；行忍辱慈，護彼我故；行精進慈，荷負眾生故；行禪定慈，不受味故；行智慧慈，無不知時故；行方便慈，一切示現故；行無隱❻慈，直心清淨故；行深心慈，無雜行故；

行無諍慈，不虛假故；行安樂慈，令得佛樂故。菩薩之慈，為若此也。」

文殊師利又問：「何謂為悲？」答曰：「菩薩所作功德，皆與一切眾生共之。」「何謂為喜？」答曰：「有所饒益，歡喜無悔。」「何謂為捨？」答曰：「所作福祐，無所希望❼。」

【注釋】❶作是觀　即如上文所說，認為眾生都是虛幻不實，對他們沒有愛念關懷之心。❷不熱　寂滅無所動心。熱，用如一般所說的「熱心」，指感情濃烈。❸無諍　不爭吵動怒。❹結賊　煩惱糾結，毒害智慧，如同怨賊，故稱結賊。結就是煩惱。❺一味　即一相。❻無隱　因為直心誠樸，故不欺騙隱瞞。❼何謂為悲……無所希望　這部分詳細闡述菩薩行慈而略說悲、喜、捨，實際上後三者也是同例的。菩薩應當先觀眾生為虛幻，然後再發起四攝法救度他們。

【語譯】文殊師利問道：「如果菩薩這樣看待眾生，那他怎麼能夠施行慈心呢？」維摩詰答道：「菩薩用這樣的態度觀照眾生，然後想道：『我應當為眾生解說這樣的法門。』這才是真正的施行慈心啊。菩薩應當施行寂滅慈，因為世間一切都寂滅無生的緣故；應當施行不熱慈，因為沒有愛念就沒有煩惱的緣故；應當施行等之慈，因為過去、現在、未來三世平等不異的緣故；應當施行無諍慈，因為真如不生不起，也就無由爭訟的緣故；應當施行不二慈，因為內入外入不相聚合的緣故；應當施行不壞慈，因為形相身體永遠斷滅的緣故；應當施行堅固慈，因為內心信念堅固不可毀壞的緣故；應當施行清淨慈，因為世間一切本性清淨的緣故；應當施行無邊慈，因為慈心如虛空廣大，無所不覆的緣故；應當施行阿羅漢慈，因為慈心就是破滅煩惱之賊的緣故；應當施行菩薩慈，因為慈心就是安撫眾生的緣故；應當施行如來慈，因為慈心合於真如本性的緣故；應當施行佛慈，因為覺悟度化眾生的緣故；應當施行自然慈，因為菩薩慈心沒有因由，發於自然的緣故；應當施行菩提慈，因為慈心對待一切都是平等一味的緣故；應當施行無等慈，因為斷絕各種愛憎情緣，無可比擬的緣故；應當施行大悲慈，因為用大乘佛法引導眾生的緣故；應當施行無厭慈，因為菩薩領悟到空無我的真諦的緣故；應當施行法施慈，因為布施法理無所吝惜的緣故；應當施行持戒慈，因為教化觸犯戒律的眾生的緣故；應當施行忍辱慈，因為同時護持自身和對方的緣故；應當施行精進慈，因為以眾生為己任的緣故；應當施行禪定慈，因為內心安定不受五欲之味引誘的緣故；應當施行智慧慈，因為不在修行中途證取果報的緣故；應當施行方便慈，因為顯示一切法門以普度眾生的緣故；應當施行無隱慈，因為內心正直清淨的緣故；應當施行深心慈，因為深入佛法，沒有混雜不純之行的緣故；應當施行無誑慈，因為菩薩慈心不欺騙世人的緣故；應當施行安樂慈，因為令眾生獲得如來涅槃安樂的緣故。菩薩的慈心，就是像這樣的。」

文殊師利又問：「怎麼樣才叫做『悲』呢？」維摩詰答道：「菩薩所作的功德，都與一切眾生共同擁有。」「怎麼樣才叫做『喜』呢？」答道：「只要是對眾生有益的事情，就歡歡喜喜、無怨無悔地去做。」「怎麼樣才叫做『捨』呢？」答道：「所作所為造福眾生，施恩而不希望得到果報。」

文殊師利又問：「生死有畏，菩薩當何所依❶？」維摩詰言：「菩薩於生死畏中，當依如來功德之力。」文殊師利又問：「菩薩欲依如來功德之力，當於何住？」答曰：「菩薩欲依如來功德力者，當住度脫一切眾生。」又問：「欲度眾生，當何所除？」答曰：「欲度眾生，除其煩惱。」又問：「欲除煩惱，當何所行？」答曰：「當行正念。」又問：「云何行於正念？」答曰：「當行不生不滅。」又問：「何法不生？何法不滅？」答曰：「不善不生，善法不滅。」又問：「善不善孰為本❷？」答曰：「身為本。」又問：「身孰為本？」答曰：「欲貪為本。」又問：「欲貪孰為本？」答曰：「虛妄分別為本。」又問：「虛妄分別孰為本？」答曰：「顛倒想為本。」又問：「顛倒想孰為本？」答曰：「無住❸為本。」又問：「無住孰為本？」答曰：「無住則無本。文殊師利，從無住本立一切法。」

【注　釋】❶依　隨順；歸依。❷本　根本；基本的依據。❸無住為本　此句意為一切隨緣生滅，都沒有確定的根本。無住，不留滯。

【語　譯】文殊師利又問：「生死大事令人畏怖，菩薩應當何所歸依？」維摩詰答道：「菩薩在生死畏怖中，應當歸依如來的功德之力。」文殊師利又問：「菩薩要歸依如來的功德之力，應當以什麼為安住的根本呢？」答道：「菩薩要歸依如來的功德之力，應當以超度一切眾生為安住的根本。」又問：「要超度眾生，應當除去他們的什麼呢？」答道：「要超度眾生，應當除去他們的煩惱。」又問：「要除去他們的煩惱，應當施行什麼法門？」答道：「應當施行正念。」又問：「怎麼叫施行正念？」答道：「應當領悟到不生不滅。」又問：「什麼不生，什麼不滅？」答道：「令惡行不生，善行不滅。」又問：「善惡以什麼為根本？」答道：「以身體為根本。」又問：「身體又以什麼為根本？」答道：「以貪戀欲求為根本。」又問：「貪戀欲求以什麼為根本？」答道：「對世界持有虛妄不實、有所分別的偏見，是其根本。」又問：「虛妄分別的偏見以什麼為根本？」答道：「以顛倒真假的思想為根本。」又問：「顛倒真假的思想以什麼為根本？」答道：「無住就是顛倒真假的根本。」又問：「無住以什麼為根本？」答道：「既然無住，就是沒有根本。文殊師利，從無住的基礎上產生一切。」

時維摩詰室有一天女❶，見諸大人，聞所說法，便現其身，即以天華❷散諸菩薩大弟子上。華至諸菩薩即皆墮落，至大弟子便著不墮。一切弟子神力去華，不能令去。爾時，天問舍利弗：「何故去華？」答曰：「此華不如法，是以去之。」天曰：「勿謂此華為不如法。所以者何？是華無所分別，仁者自生分別想耳。若於佛法出家，有所分別，為不如法；若無所分別，是則如法。觀諸菩薩華不著者，已斷一切分別想故。譬如人畏時，非人❸得其便。如是弟子畏生死，故色、聲、香、味、觸得其便也；已離畏者，一切五欲無能為也。結習未盡，華著身耳；結習盡者，華不著也。」

【注釋】❶天女　欲界六天中的女性。色界以上諸天無淫欲，因此也不分男女。❷天華　即天花，天上的美妙鮮花。❸非人　指各種鬼神。

【語譯】當那時候，維摩詰居室中有一位天女，看見眾位得道大士，又聽到他們說法，便現出身形，將天花拋散在各位菩薩和大弟子身上。天花飄到諸菩薩身上便都散落，到大弟子便沾在身上而不墜落。一切弟子運用神力拂去花瓣，卻都無法成功。這時，天女向舍利弗問道：「你為什麼要拂去天花？」舍利弗答道：「這花不如法，因此要除去它。」天女說道：「不要以為這天花不如佛法。為什麼呢？花與法原本是平等無所分別的，是仁者你自以為它們有所分別而已。依從佛法出家的人，如果觀照世界有所分別，就以為花不如法；如果觀照世界無所分別，就認識到花與法平等無異。看那諸位不沾天花的菩薩，他們已經斷滅一切分別妄想。譬如人心中恐懼的時候，鬼魅非人就乘機加害。正像這樣，當弟子畏懼生死的時候，色、聲、香、味、觸五欲便乘虛而入；而無所畏懼的人，一切五欲便對他無可奈何了。如果塵緣糾結還未曾除盡，天花就會沾在身上；如果塵緣糾結已經除盡，天花便不會沾在身上。」

舍利弗言：「天止此室，其已久如❶？」答曰：「我止此室，如耆年解脫❷。」舍利弗言：「止此久❸耶？」天曰：「耆年解脫，亦何如久？」舍利弗默然不答。天曰：「如何耆舊❹，大智而默❺？」答曰：「解脫者無所言說，故吾於是不知所云。」天曰：「言說文字皆解脫相。所以者何？解脫者不內不外，不在兩間；文字亦不內不外，不在兩間。是故，舍利弗，無離文字說解脫也。所以者何？一切諸法是解脫相。」舍利弗言：「不復以離淫怒痴為解脫乎？」天曰：「佛為增上慢人❻說離淫怒痴為解脫耳。若無增上慢者，佛說淫怒痴性即是解脫。」舍利弗言：「善哉，善哉！天女，汝何所得，以何為證，辯乃如是？」天曰：「我無得無證，故辯如是。所以者何？若有得有證者，則於佛法為增上慢。」

【注釋】❶其已久如　已經有多久了呢。止，居住。❷如耆年解脫　猶言「和上人您獲得解脫以來的時日一樣長」。耆年，老年人，這裏是對舍利弗的尊稱。❸此久　這麼久。❹耆舊　也是耆年的意思。❺大智而默　擁有大智慧卻沉默不答。舍利弗為弟子智慧第一。❻增上慢人　指驕傲自負、桀驁不馴的人。增上，形容勢力強大。慢，傲慢。

【語譯】舍利弗問道：「天女你處在這居室之中，已有多久時日？」天女答道：「我處在這居室之中，和長者你獲得解脫的時日一樣長久。」舍利弗問道：「在這裏竟已這麼久了嗎？」天女道：「長者你的解脫，又有多久了呢？」舍利弗默然不答。天女說道：「長者是怎麼了？你具有大智慧卻默不作答？」舍利弗答道：「解脫者已經脫離言語文字，因此我對你的問題不知所云。」天女說：「言語文字，都是具有解脫本性的啊。為什麼呢？所謂解脫，既不在外，也不在內，也不在內外之間；言語文字同樣是既不在外，也不在內，也不在內外之間。因此，舍利弗，不要離開言語文字而侈談解脫吧。為什麼呢？世間一切，都有解脫本性。」舍利弗問道：「那麼，就再不必要脫離淫怒痴三毒才是解脫了嗎？」天女答道：「要脫離淫怒痴才是解脫，這只是佛祖為教化那些自滿固執的人而說的法門罷了；如果對於不自滿固執的人，佛祖教導他們說淫怒痴的本性就是解脫。」舍利弗讚歎道：「好啊，好啊！天女，你是修得了什麼道行，證取了什麼果位？竟然如此地智慧善辯！」天女說道：「我無所得亦無所證，因此有如此的智慧辯才。為什麼呢？如果有所得有所證的人，他對於佛法而言就是自滿固執。」

舍利弗問天：「汝於三乘為何志求？」天曰：「以聲聞法化眾生故，我為聲聞；以因緣法化眾生故，我為辟支佛；以大悲法化眾生故，我為大乘。舍利弗！如人入瞻蔔❶林，唯嗅瞻蔔，不嗅餘香。如是，若入此室，但聞佛功德之香，不樂聞聲聞、辟支佛功德香也。舍利弗，其有釋、梵、四天王、諸天、龍、鬼、神等入此室者，聞斯上人講說正法，皆樂佛功德之香，發心而出。舍利弗，吾止此室十有二年，初❷不聞說聲聞、辟支佛法，但聞菩薩大慈大悲不可思議諸佛之法。

「舍利弗！此室常現八未曾有難得之法。何等為八？此室常以金色光照，晝夜無異，不以日月所照為明，是為一未曾有難得之法。此室入者❸不為諸垢之所惱也，是為二未曾有難得之法。此室常有釋、梵、四天王、他方菩薩，來會不絕，是為三未曾有難得之法。此室常說六波羅蜜不退轉法，是為四未曾有難得之法。此室常作天人第一之樂，絃出❹無量法化之聲，是為五未曾有難得之法。此室有四大藏，眾寶積滿，周窮濟乏，求得無盡，是為六未曾有難得之法。此室釋迦牟尼佛、阿彌陀佛、阿閦佛、寶德、寶炎、寶月、寶嚴、難勝、師子響、一切利成，如是等十方無量諸佛，是上人念時，即皆為來廣說諸佛秘要法藏，說已❺還去，是為七未曾有難得之法。此室一切諸天嚴飾宮殿、諸佛淨土皆於中現，是為八未曾有難得之法。舍利弗！此室常現八未曾有難得之法，誰有見斯不思議事，而復樂於聲聞法乎？」

【注　釋】❶瞻蔔　或譯「瞻部」，意為「金色花」，為印度的一種植物，開黃色花，香氣馥郁。❷初　從來。❸此室入者　進入這居室的人。❹弦出　彈奏出。❺已　完畢。

【語　譯】舍利弗向天女問道：「在三乘之中，你的志願是修行哪一乘呢？」天女答道：「為了以聲聞法教化眾生，所以我修行聲聞乘；為了以因緣法教化眾生，所以我修行辟支佛乘；為了以大悲法教化眾生，所以我修行大乘。舍利弗！正如有人走進瞻蔔林中，便只聞到瞻蔔花香，而聞不到別的氣味。正是如此，如果進入這居室之中，便只聞到佛祖功德的香氣，而不再喜歡聞聲聞、辟支佛功德的香氣了。舍利弗，那帝釋天、梵天、四天王，以及諸天、龍、鬼、神等等進入這居室的天人，聽到維摩詰上人宣講正法，都樂於聞到佛祖功德的香氣，發起修持大乘之心，而後離開。舍利弗，我處在這居室之中十二年，從來不曾聽到維摩詰居士說聲聞、辟支佛乘的言論，只聽到他宣講菩薩乘大慈大悲不可思議諸佛正法。

「舍利弗！這居室之中，時常顯現八種從未曾有過的罕見奇蹟。是哪八種呢？這居室中無論白天黑夜，總是金光遍照，不需要日月光線的照明，這是第一種從未曾有過的罕見奇蹟。進入這居室中的人不被各種煩惱塵垢所纏繞，這是第二種從未曾有過的罕見奇蹟。這居室中總是有帝釋天、梵天、四天王，還有其他國土的菩薩，絡繹不絕前來相會，這是第三種從未曾有過的罕見奇蹟。這居室中時常宣講得六波羅蜜而不退轉的法門，這是第四種從未曾有過的罕見奇蹟。這居室中時常演奏天人中最為美妙的音樂，在樂聲中彈奏出無數法音，這是第五種從未曾有過的罕見奇蹟。這居室中有四大寶藏，堆滿各種珍寶，用以周濟貧乏，滿足所有窮人的需要而永遠不會用盡，這是第六種從未曾有過的罕見奇蹟。在這居室中，釋迦牟尼佛、阿彌陀佛、阿閦佛、寶德、寶炎、寶月、寶嚴、難勝、師子響、一切利成等等十方無量諸佛，只要維摩詰上人心中動念，便都來演說諸佛的佛法奧秘，說完才又離去，這是第七種從未曾有過的罕見奇蹟。一切諸天的莊嚴美妙的宮殿，諸佛的清淨國土都完全在這居室中顯現，這是第八種從未曾有過的罕見奇蹟。舍利弗！這居室中恆常顯現這八種從未曾有過的罕見奇蹟，有誰看見了這樣不可思議的奇蹟，還會沉溺在聲聞法門之中呢？」

舍利弗言：「汝何以不轉女身❶？」天曰：「我從十二年來，求女人相了不可得❷，當何所轉？譬如幻師化作幻女，若有人問何以不轉女身，是人為正問❸不？」舍利弗言：「不也。幻無定相，當何所轉？」天曰：「一切諸法，亦復如是，無有定相。云何乃問不轉女身？」

即時天女以神通力變舍利弗，令如天女；天自化身如舍利弗而問言：「何以不轉女身？」舍利弗以天女像而答言：「我今不知何轉而變為女身。」天曰：「舍利弗，若能轉此女身，則一切女人亦當能轉。如舍利弗非女而現女身，一切女人亦復如是，雖現女身而非女也。是故佛說一切諸法非男非女。」

即時天女還攝神力，舍利弗身還復如故。天問舍利弗：「女身色相，今何所在？」舍利弗言：「女身色相，無在無不在。」天曰：「一切諸法，亦復如是，無在無不在。夫無在無不在者，佛所說也。」

【注　釋】❶轉女身　從女身轉為男身。古印度社會男尊女卑，故舍利弗有此一問。❷求女人相了不可得　希望成為女人，具備女人的本性，尚且不能做到。相是性質的意思。因為女人本性也是空，女身形相只是幻象，因此說求女人相尚不可得，何況要從女身轉為男身呢？❸正問　合理的提問。

【語　譯】舍利弗問道：「你為什麼不捨棄女身，轉生男身呢？」天女答道：「自從住在這裏十二年來，我一直追求成為真正的女人而無法做到，還談什麼捨棄女身而轉生男身呢？譬如魔術師變化出虛幻的女子身形，如果有人問這幻女說：『你為什麼不捨棄女身，轉為男身？』這個人的問題是恰當的嗎？」舍利弗答道：「不是的。魔術的幻象本來就沒有一定的形質，有什麼可轉的呢？」天女說道：「世間一切也都如此，是沒有一定的形質的啊。那你為什麼問我『不捨棄女身』的問題呢？」

天女隨即運用神通力，將舍利弗變化成天女的形貌；而天女則自己變身為舍利弗，又向舍利弗問道：「你為什麼不捨棄女身，轉為男身？」這時有著天女容顏的舍利弗回答道：「我如今甚至還不知道為什麼會轉變為女身呢。」天女說道：「舍利弗啊，你如果能夠自己轉變女身為男身，那麼一切女人也就都能轉為男身。如果說舍利弗是並非女人卻顯現女身，那麼一切女人也正是如此，她們雖然顯現女身，卻並非女人。因此，佛說世間一切非男非女。」

於是天女收回神力，舍利弗的身體恢復原來的形貌。天女向舍利弗問道：「你的女身形貌，現在到哪裡去了？」舍利弗答道：「女身形貌，其實是既不存在又並非不存在的啊。」天女說道：「世間一切也都是如此，既不存在又並非不存在。所謂既不存在又並非不存在，這就是佛祖所說的正法。」

舍利弗問天：「汝於此沒❶，當生❷何所？」天曰：「佛化所生，吾如彼生。」曰：「佛化所生，非沒生也。」天曰：「眾生猶然，無沒生也。」

舍利弗問天：「汝久如當得阿耨多羅三藐三菩提？」天曰：「如舍利弗還為凡夫，我乃當成阿耨多羅三藐三菩提。」舍利弗言：「我作凡夫，無有是處❸。」天曰：「我得阿耨多羅三藐三菩提，亦無是處。所以者何？菩提無住處，是故無有得者。」舍利弗言：「今諸佛得阿耨多羅三藐三菩提，已得當得，如恆河沙，皆謂何乎？」天曰：「皆以世俗文字數❹故，說有三世，非謂菩提有去來今。」天曰：「舍利弗，汝得阿羅漢道耶？」曰：「無所得故而得。」天曰：「諸佛菩薩，亦復如是。無所得故而得。」

爾時，維摩詰語舍利弗：「是天女已曾供養九十二億諸佛，已能遊戲菩薩神通，所願具足，得無生忍，住不退轉。以本願❺故，隨意能現，教化眾生。」

【注釋】❶沒　死亡。❷生　轉生。❸無有是處　無此道理。❹數　計算，引申為度量、測度。佛教以條理分析的方法觀察人生和世界，「事數」是佛經中的重要成分，因此這裡斥破世俗文字數。❺本願　救度眾生的根本大願。

【語譯】舍利弗向天女問道：「你在這裡死了以後，會轉生在哪裡？」天女道：「如來化身所生的地方，就是我將會轉生的地方。」舍利弗道：「如來佛祖的化身，是沒有所謂死生的啊。」天女道：「眾生也正是如此，並無所謂的死生。」

舍利弗又向天女問道：「你會在多久以後證得無上正等正覺？」天女答道：「如果舍利弗變回凡人，我就會證得無上正等正覺了。」舍利弗道：「我變回凡人，那是不可能的。」天女說道：「我要證得無上正等正覺，也同樣沒有這個道理。為什麼呢？覺悟是流動不留滯的，所以不能一旦擁有而得之。」舍利弗問道：「如果是這樣，那麼當今得到無上正等正覺的諸佛，還有過去已經得到和將來應當得到的諸佛，為什麼會多如恆河沙數呢？」天女說道：「這都只是用世俗的語言文字來計數罷了。所謂有過去、現在、未來三世，並不是說菩提真的存在於過去、現在、未來的區分之中啊。」天女又問：「舍利弗，你已經證得阿羅漢果了嗎？」舍利弗答道：「我是因為無所得而得果的。」天女道：「諸佛菩薩也都是如此，是因為無所得而得無上正等正覺啊。」

這時，維摩詰告訴舍利弗：「這位天女已經供養九十二億諸佛，已經能夠在菩薩神通中遊戲無礙，她的求道心願圓滿，已經獲得無生法忍，永遠不再退失逆轉。她是出於救度眾生的根本大願，才隨意顯現化身，來方便教化眾生的啊。」

佛道品第八

【題解】本品中維摩詰與文殊的對答，集中表達了菩薩乘證得寂滅而又住世（「現於涅槃，而不斷生死」）的精神，這也就是第二品中表現的以維摩詰為人格化身的居士精神：雖然言行顯示的是種種世間煩惱，但實際內心秉持清淨（「示行諸煩惱，而心常清淨」）；雖然在世間營生聚財，但始終領悟無常真諦，並不貪著（「示有資生而恆觀無常，實無所貪」）等等。更進一步，本品明確提出，「行於非道」是「通達佛道」，也即住於煩惱世間才是實踐佛道的正當方式，「一切煩惱為如來種」，「不入煩惱大海，則不能得一切智寶」。這一點既是對大乘佛教救世度人品格的極端肯定，也大大提升了維摩詰為代表的居士精神的地位。

爾時，文殊師利問維摩詰言：「菩薩云何通達佛道？」維摩詰言：「若菩薩行於非道，是為通達佛道。」又問：「云何菩薩行於非道？」答曰：「若菩薩行五無間❶，而無惱恚；至於地獄，無諸罪垢；至於畜生，無有無明憍慢❷等過；至於餓鬼，而具足功德；行色無色界道，不以為勝；示行貪欲，離諸染著；示行瞋恚，於諸眾生無有恚礙；示行愚痴，而以智慧調伏其心；示行慳貪，而捨內外所有，不惜身命；示行毀禁，而安住淨戒，乃至小罪猶懷大懼；示行瞋恚，而常慈忍；示行懈怠，而勤修功德；示行亂意，而常念定；示行愚痴，而通達世間出世間慧；示行諂偽，而善方便隨諸經義；示行憍慢，而於眾生猶如橋梁❸；示行諸煩惱，而心常清淨；示入於魔，而順佛智慧，不隨他教；示入聲聞，而為眾生說未聞法；示入辟支佛，而成就大悲教化眾生；示入貧窮，而有寶手❹，功德無盡；示入形殘，而具諸相好，以自莊嚴；示入下賤，而生佛種姓❺中，具諸功德；示入羸劣❻醜陋，而得那羅延❼身，一切眾生之所樂見；示入老病，而永斷病根，超越死畏；示有資生❽，而恆觀無常，實無所貪；示有妻妾婇女❾，而常遠離五欲淤泥；現於訥鈍，而成就辯才，總持無失；示入邪濟❿，而以正濟，度諸眾生。現徧入諸道，而斷其因緣；現於涅槃，而不斷生死。文殊師利菩薩！能如是行於非道，是為通達佛道。」

【注　釋】❶五無間　鳩摩羅什釋為五無間罪，即殺父、殺母、殺阿羅漢、出佛身血、破和合僧；玄奘《說無垢稱經》則釋為五無間趣（即五無間地獄，俗稱阿鼻地獄），五無間即趣果無間（業、果相續無間隔）、受苦無間、時無間、命無間、形無間。犯五無間罪則墮五無間地獄，因此兩釋皆可通。❷憍慢　驕傲；傲慢。❸橋梁　菩薩濟渡眾生至覺悟彼岸，所以說猶如橋梁。❹寶手　手中能生出財寶，稱為寶手。❺佛種姓　佛陀的種族。鳩摩羅什說：「佛種姓即是無生忍。」這裡「生佛種姓中」，是指繼承和發揚佛道。❻羸劣　孱弱。❼那羅延　是天上力士的名字，或說就是梵王的別名。僧肇注：「那羅延，天力士名也。端正殊妙，志力雄猛。」❽資生　營生牟利。❾婇女　婢女。❿濟　自度度人為濟。外道為邪濟，佛道為正濟。

【語　譯】那時，文殊師利向維摩詰問道：「怎麼叫做菩薩通達佛法正道？」維摩詰答道：「如果菩薩修行非正道，就是通達佛法正道了。」又問：「怎麼叫做修行非正道？」答道：「如果菩薩雖然墜入五無間地獄，卻不忿怒怨恨；雖然墜入地獄道，卻不帶有各種罪業汙垢；雖然墜入畜生道，卻沒有無明傲慢等過失；雖然墜入餓鬼道，卻功德完善；雖然升入色、無色界，卻不自以為高明；雖然言行顯示為貪欲，實際卻脫離了對外欲的執著；雖然言行顯示為憤怒怨恨，卻並不對眾生有怨怒之心；雖然言行顯示為愚昧痴迷，卻能以智慧使自己心意調順安穩；雖然言行顯示為吝嗇貪婪，卻能夠施捨身內身外一切所有，並不吝惜身家性命；雖然言行顯示為毀犯禁律，卻謹慎奉持戒律，即使對微小的罪行也十分擔心觸犯；雖然言行顯示為忿怒怨恨，卻常對眾生懷有慈悲忍讓之心；雖然言行顯示為懈怠懶惰，實際上卻勤修功德；雖然言行顯示為心意煩亂，卻總是安靜禪定；雖然言行顯示為愚昧痴迷，卻通達一切世間出世間的智慧；雖然言行顯示為隨波逐流、諂媚虛偽，實際上卻是方便制宜、不違正道；雖然言行顯示為傲慢自大，實際上卻濟度眾生猶如橋梁；雖然言行顯示為各種煩惱，實際上卻是心中清淨；雖然言行顯示為入於魔道，卻順隨佛法智慧而不依從邪教；雖然言行顯示為入於聲聞乘，卻為眾生宣講從所未聞的佛法；雖然言行顯示為入於辟支乘，卻發起大悲心教化眾生；雖然外表顯示為貧窮，卻能手中變化珍寶，施捨眾生功德無量；雖然外表顯示為殘疾，卻具備種種美妙形相來修飾自身；雖然外表顯示為下賤，卻生於佛的高貴種姓中，具備各種功德；雖然外表顯示為孱弱醜陋，卻擁有那羅延力士威猛優美的身體，一切眾生都樂於欣賞；雖然外表顯示為衰老多病，卻永遠斷絕病根，超越對死亡的恐懼；雖然行為顯示為營生聚財，實際上卻領悟到無常真諦，無所貪求；雖然顯示為有妻妾婢女，卻總是遠離五欲的淤泥；雖然外表顯示為木訥遲鈍，實際上卻善於辯論，秉持佛法不失；雖然顯示為以邪僻之道教人，實際上卻是施行正道；雖然顯示為在生死六道中輪迴，實際上卻已經斷滅因緣；雖然顯示於涅槃之境，卻不斷絕生死。文殊師利菩薩！如果菩薩能這樣修行非正道，就是通達佛法正道了。」

於是維摩詰問文殊師利：「何等為如來種❶？」文殊師利言：「有身為種，無明有愛為種，貪恚痴為種，四顛倒❷為種，五蓋為種，六入為種，七識處❸為種，八邪法為種，九惱處❹為種，十不善道為種。以要言之，六十二見及一切煩惱，皆是佛種。」曰：「何謂也？」答曰：「若見無為入正位❺者，不能復發阿耨多羅三藐三菩提心。譬如高原陸地，不生蓮華❻；卑濕❼淤泥，乃生此華。如是，見無為法入正位者，終不復能生於佛法；煩惱泥中乃有眾生起佛法耳。又如植種於空，終不得生；糞壤之地，乃能滋茂。如是，入無為正位者，不生佛法。起於我見如須彌山❽，猶能發於阿耨多羅三藐三菩提心，生佛法矣。是故，當知一切煩惱為如來種。譬如不下巨海，不能得無價寶珠；如是，不入煩惱大海，則不能得一切智寶。」

爾時，大迦葉歎言：「善哉，善哉！文殊師利，快說此語❾！誠如所言，塵勞之儔❿為如來種。我等今者，不復堪任發阿耨多羅三藐三菩提心。乃至五無間罪，猶能發意生於佛法；而今我等永不能發。譬如根敗之士，其於五欲不能復利；如是聲聞諸結斷者，於佛法中無所復益，永不志願。是故，文殊師利，凡夫於佛法有反復，而聲聞無也。所以者何？凡夫聞佛法能起無上道心，不斷三寶；正使⓫聲聞終身聞佛法力無畏等，永不能發無上道意。」

【注釋】❶如來種　指能由此而產生佛果的因素（如同種子一樣）。❷四顛倒　簡稱四倒，又有凡人之四倒和二乘之四倒兩種。凡人四倒為：一、常顛倒，以無常為有常。二、樂顛倒，以人世之苦為樂。三、淨顛倒，以不淨為淨。四、我顛倒，以無我為我。二乘四倒則為：一、無常顛倒。二、無樂顛倒。三、無淨顛倒。四、無我顛倒。要之，世間無常、無樂、無我、無淨，而涅槃常、樂、我、淨。以世間為常樂我淨，而涅槃為無常無樂無我無淨，則為顛倒。❸七識處　指有情的心識所存在的七層境域。一、人間、六欲天及色界初禪天，為身異想異（色身不同，苦樂之想也不同）。二、色界初禪天中的梵天，為身異想一（梵天王與眾梵天大小形貌不一，而都認為梵天王是眾梵天之父）。三、色界二禪天，為身一想異（二禪天中天人形貌相同，而苦樂交雜）。四、色界三禪天，為身一想一（形貌相同，有樂無苦）。五、六、七處則為無色界四空天中的前三天（空無邊處、識無邊處、無所有處），其中沒有色身苦樂，只有捨受。❹九惱處　鳩摩羅什說：「愛我怨家，憎我知識，惱我己身。一世則三，三世為九。又，義云『九結』也。」九結，指愛、恚、慢、無明、見、取、疑、嫉、慳九種煩惱。❺見無為入正位　已經領悟到無為之理而進入修行正道。❻蓮華　這裏是總指青黃赤白四種蓮花（據玄奘《說無垢稱經》）。❼卑濕　低下潮濕。❽起於我見如須彌山　人我執著的偏見大如須彌山。❾快說此語　對對方的話表示讚歎，意思大約相當於「這話說得真痛快呵」。快，透徹；道理充分。❿塵勞之儔　各種煩惱。儔，同類。⓫正使　即使。

【語　譯】於是維摩詰向文殊師利問道：「什麼是如來佛性的種子？」文殊師利答道：「佛性以色相身體為種子，以無明有愛二門為種子，以貪恚痴三毒為種子，以四顛倒為種子，以五蓋為種子，以六入為種子，以七識處為種子，以八邪法為種子，以九惱處為種子，以十不善道為種子。簡要地說，六十二見以及一切煩惱，都是佛性的種子。」維摩詰問道：「為什麼這麼說呢？」文殊師利答道：「如果是已經領悟到無為之理而進入修行正道的人，就不能再發起求無上正等正覺之心。譬如在高原陸地上，是無法生長蓮花的，只有在卑下潮濕的淤泥裏，才能養育出這樣的花。正是如此，已經領悟到無為之理而進入正道的人，再也不能由佛法中生起求佛法之心；只有在煩惱的淤泥當中，才有陷溺的眾生發起追求佛法之心啊。又譬如將種子種在虛空當中，始終是無法發芽的；只有在肥沃的糞土裏，才能茁壯生長。正是如此，已經領悟到無為之理而進入正道的人，再也不能生起求佛法之心。只有那些愚昧固執，人我偏見高如須彌山，卻還能發起求無上正等正覺之心的眾生，才能生起佛法啊。因此，應當知道一切煩惱就是如來佛性的根本。譬如不深入大海，始終無法獲取無價寶珠；正像是這樣，如果不深入煩惱大海，就無法得到一切智慧至寶。」

這時，大迦葉讚歎道：「好啊，好啊！文殊師利，這話說得太好了！確實如你所說，世間種種煩惱勞倦都是如來佛性之種。如今的我們，已經無法再發起求無上正等正覺之心。即使觸犯五無間大罪的人，尚且能夠發願修行佛法；而我們已經永遠不可能發願修行了。譬如五根殘缺敗壞的人，對於五欲之樂再也不能享受；正像是這樣，聲聞弟子已經斷絕各種煩惱束縛，再也無法從佛法中有所得益，永遠不可能再發願修行。因此，文殊師利，凡人領受佛法，能夠有所回報，而聲聞弟子卻無法報答佛的恩德。為什麼呢？凡人聽到佛法，能夠發起最高的求道之心，發揚光大佛、法、僧三寶；而聲聞弟子縱使終身聽取如來十力無畏一切佛法，卻永遠也不能發起最高的求道之心。」

爾時，會中有菩薩名普現色身，問維摩詰言：「居士父母妻子、親戚眷屬、吏民知識❶，悉為是誰？奴婢僮僕、象馬車乘，皆何所在？」

於是維摩詰以偈答曰：

智度菩薩母，方便以為父，一切眾導師，無不由是生❷。
法喜以為妻，慈悲心為女，善心誠實男，畢竟空寂舍❸。
弟子眾塵勞，隨意之所轉，道品善知識，由是成正覺❹。
諸度法等侶，四攝為妓女，歌詠誦法言，以此為音樂❺。
總持之園苑，無漏法林樹，覺意淨妙華，解脫智慧果❻。
八解之浴池，定水湛然滿，布以七淨華，浴此無垢人❼。
象馬五通馳，大乘以為車，調御以一心，游於八正路❽。

相具以嚴容，眾好飾其姿，慚愧之上服，深心為華鬘[9]。

富有七財寶，教授以滋息，如所說修行，迴向為大利[10]。

四禪為床座，從於淨命生，多聞增智慧，以為自覺音[11]。

甘露法之食，解脫味為漿，淨心以澡浴，戒品為塗香[12]。

摧滅煩惱賊，勇健無能踰，降伏四種魔，勝幡建道場[13]。

雖知無起滅，示彼故有生，悉現諸國土，如日無不見[14]。

供養於十方，無量億如來，諸佛及己身，無有分別想[15]。

雖知諸佛國，及與眾生空，而常修淨土，教化於群生[16]。

諸有眾生類，形聲及威儀，無畏力菩薩，一時能盡現[17]。

覺知眾魔事，而示隨其行，以善方便智，隨意皆能現[18]。

或示老病死，成就諸群生，了知如幻化，通達無有礙[19]。

或現劫盡燒，天地皆洞然，眾人有常想，照令知無常[20]。

無數億眾生，俱來請菩薩，一時到其舍，化令向佛道[21]。

經書禁咒術，工巧諸技藝，盡現行此事，饒益諸群生㉒。

世間眾道法，悉於中出家，因以解人惑，而不墮邪見㉓。

或作日月天，梵王世界主，或時作地水，或復作風火㉔。

劫中有疾疫，現作諸藥草，若有服之者，除病消眾毒㉕。

劫中有饑饉，現身作飲食，先救彼飢渴，卻以法語人㉖。

劫中有刀兵，為之起慈悲，化彼諸眾生，令住無諍地㉗。

若有大戰陣，立之以等力，菩薩現威勢，降伏使和安㉘。

一切國土中，諸有地獄處，輒往到於彼，勉濟其苦惱㉙。

一切國土中，畜生相食噉，皆現生於彼，為之作利益㉚。

示受於五欲，亦復現行禪，令魔心憒亂，不能得其便㉛。

火中生蓮華，是可謂希有，在欲而行禪，希有亦如是㉜。

或現作淫女，引諸好色者，先以欲鉤牽，後令入佛智㉝。

或為邑中主，或作商人導，國師及大臣，以祐利眾生㉞。

諸有貧窮者，現作無盡藏，因以勸導之，令發菩提心㉟。
我心憍慢者，為現大力士，消伏諸貢高，令住無上道㊱。
其有恐懼眾，居前而慰安，先施以無畏，後令發道心㊲。
或現離淫欲，為五通仙人，開導諸群生，令住戒忍慈㊳。
見須供事者，現為作僮僕，既悅可其意，乃發以道心㊴。
隨彼之所須，得入於佛道，以善方便力，皆能給足之㊵。
如是道無量，所行無有涯，智慧無邊際，度脫無數眾㊶。
假令一切佛，於無數億劫，讚歎其功德，猶尚不能盡㊷。
誰聞如是法，不發菩提心？除彼不肖人，痴冥無智者㊸。

【注釋】❶知識　朋友。❷智度菩薩母四句　這四句涵義為：菩薩以智度為母親，以方便為父親；一切眾生導師，都從智慧和方便度人兩者中產生。關於智慧和方便的關係，參見〈文殊師利問疾品第五〉。❸法喜以為妻四句　這四句涵義為：以聞法喜悅為妻子，以大慈悲心為女兒，以誠實善心為兒子，以終極空寂為自己的居室。法喜，因聞法而欣喜悅樂。僧肇注：「世人以妻色為悅，菩薩以法喜為悅也。」女，女兒。男，兒子。❹弟子眾塵勞四句　這四句涵義為：以各種煩惱為弟子僕從，隨意指使它們，令其隨自己的心意而化解；以三十七道品為好友，從中獲取教益，成就正覺。弟子，玄奘譯為「賤隸」，泛指侍從奴僕等。轉，聽從驅使。又可引申為轉化、化解之意。❺諸度法等侶四句　這四句涵義為：以六度等法門為親屬伴侶，以四攝法為接引眾生的妓女。歌詠唱誦佛法真言，以此為悅耳的音樂。諸度，六度。四攝為妓女，《藏要》本原作「四攝無妓女」，據玄奘譯本，「無」以作「為」為是，鳩摩羅什釋曰：「四攝聚眾，猶眾妓之引物也。」可證什譯亦以作「為」是。❻總持之園苑四句　這四句涵義為：在總持的園苑之中，種植著無漏正法的樹林，盛開著七覺支的美妙鮮花，結出解脫與智慧之果。覺意，指七覺支（僧肇、道生注），或指三十七道品（窺基《說無垢稱經疏》）。解脫智慧果，鳩摩羅什說：「解脫，無為果也；智慧，有為果也。」❼八解之浴池四句　這四句涵義為：在八解脫的浴池之中，注滿平靜澄澈的清水，漂布著七淨之花，沐浴這清淨無垢的菩薩。八解，八解脫。定水，平靜不動的清水，比喻心意安定，無所動搖。湛然，澄清的樣子。七淨，戒淨、心淨、見淨、度疑淨、分別道淨、行斷諸見淨、涅槃淨。❽象馬五通馳四句　這四句涵義為：驅馳五通作為大象駿馬，以大乘為車，用精純從容之心來調伏駕御，巡遊在八正道上。象馬五通馳，這裡是將五通比喻為象馬。菩薩如意運用五通，猶如御者驅策象馬。一心，指如意進退，無所阻礙的精神狀態。❾相具以嚴容四句　這四句涵義為：以三十二相來莊嚴容貌，以八十種好來修飾姿態，以慚愧為上等的衣服，以深固求道之心為花環飾物。相具，即三十二相。好，八十種好。慚愧之上服，直譯為「（穿著）慚愧的上等衣服」，意思是說，對菩薩而言，慚愧就是上好的衣服。鳩摩羅什說：「旨取其防非止惡，猶衣服可以禦風寒也。」華鬘，花環一類的飾物。❿富有七財寶四句　這四句涵義為：擁有豐富的七種聖財，並且以此教導眾生，使財寶滋長。按照七聖財的原則修行，因而迴向正道，獲得重大的利益。七財寶：一、信（信奉佛道）。二、進（精進修行）。三、戒（奉行戒律）。四、慚愧（慚愧自省）。五、聞（多聞佛法）。六、捨（布施一切）。七、定慧（禪定智慧）。以上七種品行能資生佛道，因此稱為財寶。⓫四禪為床座四句　這四句涵義為：坐臥在四禪的床座之上，清淨身命由此而產生。多聞佛法能增長智慧，這就是菩薩使自己醒覺的音樂。四禪，或稱四靜慮，修行者生於色界四禪天。以為自覺音，作為使自己覺醒的音樂。僧肇注：

「外國（印度）諸王臥欲起時，奏絲竹自覺。菩薩安寢四禪，多聞以自覺。」⓬甘露法之食四句　這四句是說：以甘露味的涅槃為充飢的食物，以解脫的滋味為解渴的漿湯。以清淨之心沐浴自己，以戒律為清除穢垢的塗香。甘露法，即涅槃。涅槃味如甘露。解脫味，解脫的滋味。鳩摩羅什說：「味有四種：一、出家離五欲。二、行禪離憒亂煩惱。三、智慧離妄想。四、涅槃離生死。」戒品，戒的各種品類。在這裡即泛指戒律。塗香，六種供具之一。印度天氣暑熱，將香料塗抹在身上、手上來供養佛祖，是清除汗垢之意。⓭摧滅煩惱賊四句　這四句涵義為：菩薩摧滅煩惱之盜賊，他的勇猛剛強無人能及。他降伏四種魔怨，在道場中豎立起勝利的旗幡。勝幡，宣示勝利的幡旗。鳩摩羅什說：「外國破敵得勝，則豎勝幡；道場降魔，亦表其勝相也。」從第一句到這裡，以各種人際關係和日常用具言行設喻，說明菩薩日常生活、一言一行，都無不處在修行之中。⓮雖知無起滅四句　這四句涵義為：菩薩雖然早已領悟無生無滅的真諦，超出生死輪迴，卻為了救度大眾而受生。他顯現於所有的國土，如同空中的太陽，無人不見。⓯供養於十方四句　這四句涵義為：已經供養十方無量如來，領悟了諸佛與自身並無分別的真理。⓰雖知諸佛國四句　這四句涵義為：雖然知道佛國和眾生都本性為空，卻總是修行正道以獲得清淨佛土，並且教化眾生。⓱諸有眾生類四句　這四句涵義為：眾生種類不同，有著各種各樣的形相儀容；而擁有無畏神力的菩薩，能夠在一時之間使他們完全顯現。⓲覺知眾魔事四句　這四句涵義為：洞察眾魔的行事，卻顯示出依隨魔道的形相，憑藉著廣大的方便力和智慧，菩薩顯現一切，隨心所欲。⓳或示老病死四句　這四句涵義為：或者顯現出老、病、死的形態，來教化眾生，令他們清楚瞭解這一切都不過是虛幻變化，通達於空而無所阻礙。了知，清楚知道。這裏意為「使眾生瞭解」。⓴或現劫盡燒四句　這四句涵義為：或者顯現出劫盡大火，洞然燒穿天地；眾生總以為這世界會永久常存，菩薩以此來令他們瞭解無常真理。洞然，通透無餘的樣子。㉑無數億眾生四句　這四句涵義為：無數眾生都來邀請菩薩，一時間菩薩抵達他們的居所，便教化他們，使之修行佛道。㉒經書禁咒術四句　這四句涵義為：對於世間的經書、禁咒術，還有各種精巧的技藝，菩薩都精通其中奧秘並且從事，以此來助益眾生。禁咒術，在文字迷信的時代，人們相信語言可以具有某種神祕不可測的力量，這種有神祕力量附著的特定語句稱為咒語。通過一定的儀式念出咒語，以祈求事實的靈驗（例如召喚鬼神、起死殺人等），稱為咒術。禁，禁止，未經特殊儀式許可的人，則不允許使用咒術。㉓世間眾道法四句　這四句涵義為：世間各種道法教派，菩薩都在其中出家；這是為了解除外道的迷惑，並不會因此而墮入邪見。眾道法，指教義宗旨不同的各種宗教派別。㉔或作日月天四句　這四句涵義為：菩薩有時化作日天月天，有時化作世界之主梵天王，有時變作地、水，有時變作風、火。日月天，日天、月天，即日神、月神。地水風火，鳩摩羅什說：「皆應其（眾生）所求也，或化作，或身作。」㉕劫中有疾疫四句　這四句涵義為：在一劫之中有疾病瘟疫，菩薩於是變化出各種藥草；眾生服食以後便消除了疾病毒害。㉖劫中有饑饉四句　這四句涵義為：在一劫之中有饑荒，菩薩於是變化出飲食；先救助人民的飢渴，然後教導他們佛法。㉗劫中有刀兵四句　這四句涵義為：在一劫之中有戰爭，菩薩因此發起人們的慈悲心；這樣教化眾生，令他們心意寧靜，不忿怒爭執。刀兵，代指戰爭。㉘若有大戰陣四句　這四句涵義為：如果遇到大型的戰役，菩薩便幫助弱者，使雙方力量均等，不分勝負；然後再顯示威力神通降伏他們，使之和平安定。㉙一切國土中四句　這四句涵義為：在一切國土之中，凡有地獄的地方，菩薩都親身進入地獄，救濟其中的眾生，拔除他們的苦惱。㉚一切國土中四句　這四句涵義為：在一切國土之中，凡有畜生相互吞食的地方，菩薩都會轉生到牠們當中，使之獲得幫助利益。皆現生於彼，窺基在《說無垢稱經疏》中舉例說：「現為大魚，於鱗甲內養諸小蟲，而令噉食。現為鹿王，救懷孕鹿。現為飛雉，救諸被燒諸有情類。」㉛示受於五欲四句　這四句涵義為：菩薩既顯示為貪求五欲，又顯示為修行禪定；這樣的神祕莫測使惡魔的心思昏亂，無法乘機加害。五欲，即色、聲、香、味、觸五境。因為五境會引起人們的貪欲，故稱五欲。憒亂，混亂。㉜火中生蓮華四句　這四句涵義為：如果從火中生長出蓮花，這樣的事情可稱稀有；菩薩在五欲之中卻能修行禪定，也正是一樣的稀有。㉝或現作淫女四句　這四句涵義為：或者化身為淫蕩的美女，勾引那些好色的登徒浪子；先以色欲來引誘他們，然後令他們迷途知返，悟入佛智。㉞或為邑中主四句　這四句涵義為：或者化身為城邑的長官，或者化身為商人中的主導者；又或者化身為國師和大臣，以這種種化身來庇佑助益眾生。㉟諸有貧窮者四句　這四句涵義為：對於那些窮困的貧民，菩薩變化出取之不盡的寶藏來救濟他們，並且因勢利導，勸說他們發起菩提心。㊱我心憍慢者四句　這四句涵義為：對於那些傲慢自負的人，菩薩化身為大力士，先壓服消除他們的高傲之心，然後使他們領悟無上佛道。貢高，高傲自大。㊲其有恐懼眾四句　這四句涵義為：對於那些恐懼畏縮的人，菩薩來到他們面前，先安慰他們使之無所畏懼，然後使他們發起追求佛道之心。㊳或現離淫欲四句　這四句涵義為：或者化身為脫離淫欲的五通仙人，開導眾生安住在戒忍慈中。五通仙，獲得五神通的仙人。修行外道者也可以獲得五通（有漏通），而三乘證果者才能得第六通（漏盡通）。戒忍，對世間色相不犯禁戒。這是十忍中的第一種。㊴見須供事者四句　這四句涵義為：對於那些需要伺候服侍的人，菩薩便化身為奴僕，先使他們心意愉悅，然後再使他們發起追求佛道之心。㊵隨彼之所須四句　這四句涵義為：根據他們需要什麼條件才能修入佛道，菩薩運用他無所不能的方便力，使這些條件完全滿足。以上闡發菩薩如何方便化身，救度眾生。㊶如是道無量四句　這四句涵義為：佛道是如此的不可限量，菩薩的善行是如此的廣大無涯，智慧是這樣的無邊無際，度化解脫無數眾生。㊷假令一切佛四句　這四句涵義為：即使讓一切諸佛，在無數億劫的年月裡，同聲讚歎菩薩的功德，也是不能窮盡的。㊸誰聞如是法四句　這四句涵義為：有誰聽到這樣的佛法，還會不發起追求菩提覺悟的願望呢？只有那些不肖愚劣、冥頑不靈的人才會這樣吧！以上讚頌菩薩功德神通無量。

【語　譯】那時，大眾中有位菩薩，名為普現色身，向維摩詰問道：「居士，你的父母妻子、親戚眷屬、官民師友，他們都是誰呢？你的奴婢僕役、象馬車乘，都在哪裡呢？」

於是維摩詰頌偈答道：

智度菩薩母，方便以為父，一切眾導師，無不由是生。

法喜以為妻，慈悲心為女，善心誠實男，畢竟空寂舍。

弟子眾塵勞，隨意之所轉，道品善知識，由是成正覺。
諸度法等侶，四攝為妓女，歌詠誦法言，以此為音樂。
總持之園苑，無漏法林樹，覺意淨妙華，解脫智慧果。
八解之浴池，定水湛然滿，布以七淨華，浴此無垢人。
象馬五通馳，大乘以為車，調御以一心，游於八正路。
相具以嚴容，眾好飾其姿，慚愧之上服，深心為華鬘。
富有七財寶，教授以滋息，如所說修行，迴向為大利。
四禪為床座，從於淨命生，多聞增智慧，以為自覺音。
甘露法之食，解脫味為漿，淨心以澡浴，戒品為塗香。
摧滅煩惱賊，勇健無能踰，降伏四種魔，勝幡建道場。
雖知無起滅，示彼故有生，悉現諸國土，如日無不見。
供養於十方，無量億如來，諸佛及己身，無有分別想。
雖知諸佛國，及與眾生空，而常修淨土，教化於群生。
諸有眾生類，形聲及威儀，無畏力菩薩，一時能盡現。
覺知眾魔事，而示隨其行，以善方便智，隨意皆能現。
或示老病死，成就諸群生，了知如幻化，通達無有礙。
或現劫盡燒，天地皆洞然，眾人有常想，照令知無常。
無數億眾生，俱來請菩薩，一時到其舍，化令向佛道。

經書禁咒術，工巧諸技藝，盡現行此事，饒益諸群生。
世間眾道法，悉於中出家，因以解人惑，而不墮邪見。
或作日月天，梵王世界主，或時作地水，或復作風火。
劫中有疾疫，現作諸藥草，若有服之者，除病消眾毒。
劫中有饑饉，現身作飲食，先救彼飢渴，卻以法語人。
劫中有刀兵，為之起慈悲，化彼諸眾生，令住無諍地。
若有大戰陣，立之以等力，菩薩現威勢，降伏使和安。
一切國土中，諸有地獄處，輒往到於彼，勉濟其苦惱。
一切國土中，畜生相食噉，皆現生於彼，為之作利益。
示受於五欲，亦復現行禪，令魔心憒亂，不能得其便。
火中生蓮華，是可謂希有，在欲而行禪，希有亦如是。
或現作淫女，引諸好色者，先以欲鉤牽，後令入佛智。
或為邑中主，或作商人導，國師及大臣，以祐利眾生。
諸有貧窮者，現作無盡藏，因以勸導之，令發菩提心。
我心憍慢者，為現大力士，消伏諸貢高，令住無上道。
其有恐懼眾，居前而慰安，先施以無畏，後令發道心。
或現離淫欲，為五通仙人，開導諸群生，令住戒忍慈。
見須供事者，現為作僮僕，既悅可其意，乃發以道心。

隨彼之所須，得入於佛道，以善方便力，皆能給足之。
如是道無量，所行無有涯，智慧無邊際，度脫無數眾。
假令一切佛，於無數億劫，讚歎其功德，猶尚不能盡。
誰聞如是法，不發菩提心？除彼不肖人，痴冥無智者。

入不二法門品第九

【題解】本經前此基本是兩兩對答，此品開端眾菩薩說「不二法門」，各顯其德，主旨大抵皆是泯滅種種兩相對立的事理，俾使不起偏執之心。但既然言說也就有區別之心生起，雖然說需泯除生滅、垢淨、罪福等等，實已有二元對立的分別在前，故此文殊的回應是說對於「一切法」應「無言無說，無示無識」，從而避免分別性的概念文字。最後維摩詰的沉默，甚至泯除了語言文字本身，因而顯示了更高的境界。

爾時，維摩詰謂眾菩薩言：「諸仁者，云何菩薩入不二法門❶？各隨所樂❷說之。」

會中有菩薩名法自在，說言：「諸仁者，生、滅為二❸。法本不生，今則無滅。得此無生法忍，是為入不二法門。」

德守菩薩曰：「我、我所為二。因有我故，便有我所；若無有我，則無我所。是為入不二法門。」

不眴菩薩曰：「受、不受為二。若法不受，則不可得。以不可得故，無取無捨，無作無行。是為入不二法門。」

德頂菩薩曰：「垢、淨為二。見垢實性，則無淨相，順於滅相。是為入不二法門。」

善宿菩薩曰：「是動、是念❹為二。不動則無念，無念則無分別。通達此者，是為入不二法門。」

善眼菩薩曰：「一相、無相為二。若知一相即是無相，亦不取無相，入於平等，是為入不二法門。」

妙臂菩薩曰：「菩薩心、聲聞心為二。觀心相空如幻化者，無菩薩心無聲聞心。是為入不二法門。」

弗沙菩薩曰：「善、不善為二。若不起善、不善，入無相際而通達者，是為入不二法門。」

師子菩薩曰：「罪、福為二。若達罪性，則與福無異。以金剛慧❺

決了此相，無縛無解者，是為入不二法門。」

師子意菩薩曰：「有漏、無漏為二。若得諸法等，則不起漏、不漏想。不著於相，亦不住無相，是為入不二法門。」

淨解菩薩曰：「有為、無為為二。若離一切數，則心如虛空。以清淨慧無所礙者，是為入不二法門。」

那羅延菩薩曰：「世間、出世間為二。世間性空，即是出世間，於其中不入不出，不溢不散❻，是為入不二法門。」

善意菩薩曰：「生死、涅槃為二。若見生死性，則無生死，無縛無解，不然❼不滅。如是解者，是為入不二法門。」

現見菩薩曰：「盡、不盡為二。法若究竟盡，若不盡❽，皆是無盡相。無盡相即是空，空則無有盡、不盡相。如是入者，是為入不二法門。」

普守菩薩曰：「我、無我為二。我尚不可得，非我何可得？見我實性者，不復起二，是為入不二法門。」

電天菩薩曰：「明、無明為二。無明實性即是明，明亦不可取。離一切數，於其中平等無二者，是為入不二法門。」

喜見菩薩曰：「色、色空為二。色即是空，非色滅空，色性自空。如是受、想、行、識。識、空為二。識即是空，非識滅空，識性自空❾。於其中而通達者，是為入不二法門。」

明相菩薩曰：「四種異、空種異為二❿。四種性即是空種性。如前際後際空故，中際亦空⓫。若能如是知諸種性者，是為入不二法門。」

妙意菩薩曰：「眼、色為二。若知眼性，於色不貪不恚不痴，是名寂滅。如是耳聲、鼻香、舌味、身觸、意法為二。若知意性，於法不貪不恚不痴，是名寂滅。安住其中，是為入不二法門。」

無盡意菩薩曰：「布施、迴向一切智為二。布施性即是迴向一切智性。如是持戒、忍辱、精進、禪定、智慧、迴向一切智為二。智慧性即是迴向一切智性。於其中入一相者，是為入不二法門。」

深慧菩薩曰：「是空、是無相、是無作為二。空即無相，無相即無作。若空、無相、無作，則無心意識，於一解脫門，即是三解脫門者，是為入不二法門。」

寂根菩薩曰：「佛、法、眾為二。佛即是法，法即是眾，是三寶皆無為相，與虛空等，一切法亦爾。能隨此行者，是為入不二法門。」

心無礙菩薩曰：「身、身滅[12]為二。身即是身滅。所以者何？見身實相者，不起見身及見滅身。身與滅身無二無分別。於其中不驚不懼者，是為入不二法門。」

上善菩薩曰：「身、口、意業為二。是三業皆無作相。身無作相，即口無作相；口無作相，即意無作相。是三業無作相，即一切法無作相。能如是隨無作慧者，是為入不二法門。」

福田菩薩曰：「福行、罪行、不動行[13]為二。三行實性即是空，空則無福行，無罪行，無不動行。於此三行而不起者，是為入不二法門。」

華嚴菩薩曰：「從我起二[14]為二。見我實相者，不起二法。若不住二法，則無有識。無所識者，是為入不二法門。」

德藏菩薩曰：「有所得相為二[15]。若無所得，則無取捨。無取捨者，是為入不二法門。」

月上菩薩曰：「闇[16]與明為二。無闇無明，即無有二。所以者何？如入滅受想定[17]，無闇無明，一切法相亦復如是。於其中平等入者，是為入不二法門。」

寶印手菩薩曰：「樂涅槃、不樂世間為二。若不樂涅槃，不厭世間，則無有二。所以者何？若有縛，則有解；若本無縛，其誰求解？無縛無解，則無樂厭。是為入不二法門。」

珠頂王菩薩曰：「正道、邪道為二。住正道者，則不分別是邪是正。離此二者，是為入不二法門。」

樂實菩薩曰：「實、不實[18]為二。實見者，尚不見實，何況非實？

所以者何？非肉眼所見，慧眼⑲乃能見，而此慧眼無見無不見。是為入不二法門。」

【注釋】❶不二法門　指領悟一切本性平等（一相無相），無所區別的法門。二，相對待而不同，舉一類則必有與此相對者。是以「不二」即謂無差別平等者。❷樂　這裏是擅長、有心得體會的意思。❸為二　相互對立而又相互依存。這是本品的關鍵詞，以下諸菩薩從各個不同角度闡發的，都是如何破除二元對立的觀念，達到於世界萬法無所分別的認識，從而入「不二」法門。應當注意，「為二」不一定僅指相互對立的二者，只要是相互對舉相互依存的一組範疇，都是「為二」，例如下文談到的「空」、「無相」、「無作」三者也是為二。❹是動是念　動是動心，念是思考。鳩摩羅什說：「惑心微起，名為動；取相深著，名為念。」❺金剛慧　通達法性的智慧。❻世間性空四句　這四句是通過否定出、入世間，以及在兩者之間的任何狀態，而達到於萬法無所區分的境界。溢，充溢；充滿。散，流散。僧肇注：「夫有入則有出，有出必有溢，有溢必有散。此俗中之常數。」❼然　通「燃」。這裏是用火焰的燃燒和熄滅來比喻生命。❽法若究竟盡二句　法或許最終滅盡，或者不滅盡。若，這裏是或者、也許的意思。究竟，最終、終究的意思。盡，完全消滅，沒有剩餘。❾色色空為二……識性自空　這段的論證方式為：在一組概念與另一個（或一組）概念的一一對應中，先舉第一對進行論述，再依次列舉其餘幾對，然後將最後一對重新論述一遍。例如這段，是先以色、空對舉，然後列舉受、想、行、識都是如此，最後再將識、空對舉。下文這種體式還將出現，當按此例理解。❿四種異空種異為二　這句的涵義是：四大與空大，二者相互依憑對立。四種，就是通常說的四大。空種，指空大。因為世界本性為空，所以「空」是無處不在的，也是構成宇宙的基本要素。地、水、火、風四大再加空大，稱為五大。⓫前際後際空故二句　這二句的論證邏輯為：因為四大都沒有過去、未來，也沒有現在，四大的本性也是空，因此四大與空大的本性就是相同的。前際、後際、中際，即過去、未來、現在。⑫身身滅　身，身體存在。身滅，身體消滅。⑬福行罪行不動行　福行，行善能得福報，故稱福行。罪行，行惡有罪。不動行，色界無色界的行為造作不因六欲惑動而產生，稱為不動行。⑭從我起二　因為人認識到「自我」的存在，則認識到自我與外界的區別對立，由此而對世界產生二元對立的觀念系統。⑮有所得相為二　玄奘《說無垢稱經》譯作「一切二法有所得處」，即謂世間的一切二元對立，都出於主體我的獲取之心。⑯闇　昏暗，即「無明」。「闇」與「明」是用明亮與否來比喻人的智慧明達與否。⑰滅受想定　即滅盡定，得阿那含果的聖者所修的禪定。⑱實不實　實，真實，指無為真理。不實，虛假，指有為諸法。⑲慧眼　修行聲聞緣覺二乘者能洞見真空無相之理的智慧。

【語　譯】這時，維摩詰對眾位菩薩說道：「各位仁者啊，怎麼叫做菩薩領悟了不二法門？請各自就你們的體會宣說吧。」

會眾中有位菩薩，名為法自在，說道：「各位仁者呵，生與滅，二者相互依憑對立。世間一切本來就沒有所謂產生，當然也就沒有消滅。證得這樣的無生法忍，就是領悟了不二法門。」

德守菩薩說道：「主觀自我與對象性外界，二者相互依憑對立。因為有自我，就有從屬於我的外物；如果沒有自我，當然也就沒有對象性的外物。這就是領悟了不二法門。」

不眴菩薩說道：「對外界的感知與不感知，二者相互依憑對立。如果根本不加感知，也就沒什麼可取得的。因為不取得的緣故，就沒有取捨之分，沒有行為之相。這就是領悟了不二法門。」

德頂菩薩說道：「汙垢與清淨，二者相互依憑對立。如果認識到汙垢的本性為空，那麼也就沒有所謂清淨，從而依從寂滅本性。這就是領悟了不二法門。」

善宿菩薩說道：「感外物而動心與內心的思考，二者相互依憑對立。如果不動心，就不會有思考，沒有思考就沒有對一切的區分。能通達這樣的道理，這就是領悟了不二法門。」

善眼菩薩說道：「一切本性相同與一切本性為空，二者相互依憑對立。如果能理解同一本性就是本性為空，又並不執著於空，即是以平等心觀照萬物，這就是領悟了不二法門。」

妙臂菩薩說道：「菩薩心與聲聞心，二者相互依憑對立。如果認識到心的本性為空，正如幻象一般，也就不會有菩薩心、聲聞心的區別。這就是領悟了不二法門。」

弗沙菩薩說道：「善與不善，二者相互依憑對立。如果心中根本沒有善與不善的區別，認識到二者本性皆空，通達真理而不偏執，這就是領悟了不二法門。」

師子菩薩說道：「罪業與福報，二者相互依憑對立。如果通達罪業的本性為空，罪業與福報也就沒有區別了。以金剛慧辨別二者本相，超越束縛與解脫，這就是領悟了不二法門。」

師子意菩薩說道：「有煩惱與無煩惱，二者相互依憑對立。如果認識到世間一切平等，就不會區分有煩惱與無煩惱。既不執著於色相，也不執著於無相，這就是領悟了不二法門。」

淨解菩薩說道：「有為與無為，二者相互依憑對立。如果脫離了有為無為的區分，就能心中澄明如同虛空。以清淨慧獲得無礙境界，這就是領悟了不二法門。」

那羅延菩薩說道：「世間與出離世間，二者相互依憑對立。如果認識到世間一切本性為空，那麼在世間也就是出離世間。在二者之間既不入世也不出世，既不充溢也不流散，這就是領悟了不二法門。」

善意菩薩說道：「生死與涅槃，二者相互依憑對立。如果認識到生死的本性為空，也就脫離了生死而進入涅槃，不被束縛也沒有解脫，生命不燃燒也不熄滅。理解這一點，就是領悟了不二法門。」

現見菩薩說道：「盡與不盡，二者相互依憑對立。世間一切，或者最終滅盡，或者不盡，本性都是無盡。無盡本性就是空，空就沒有盡與不盡的區分。領悟這一點，就是領悟了不二法門。」

普守菩薩說道：「我與無我，二者相互依憑對立。我尚且不存在，何況無我？認識到自我本性為空，就不會再區分二者，這就是領悟了不二法門。」

雷天菩薩說道：「明與無明，二者相互依憑對立。認識無明的本性就是明，明也不可以執著。脫離一切區分計算，在二者之中平等觀照，這就是領悟了不二法門。」

喜見菩薩說道：「色相與色相空無，二者相互依憑對立。色相即是空，並不是色相消滅以後才是空，而是色相本性就是空的。從色蘊推及受、想、行、識四蘊，都是如此。識蘊與空，二者相互依憑對立。識就是空，並不是識消滅以後才是空，而是識的本性就是空的。能夠通達這些真諦，這就是領悟了不二法門。」

明相菩薩說道：「地、火、水、風四大與空大，二者相互依憑對立。四大本性就是空本性。如同過去、未來為空一樣，現在也是空的。如果能夠這樣認識到五大本性，這就是領悟了不二法門。」

妙意菩薩說道：「眼與色，二者相互依憑對立。如果認識到眼的本性為空，對色相不貪戀、不恚怒、不痴迷，這就叫做寂滅。像這樣，耳與聲、鼻與香、舌與味、身與觸、意與法，都各自相互依憑對立。同樣如果認識到意的本性為空，對諸法不貪戀、不恚怒、不痴迷，這就叫做寂滅。安住在寂滅之中，這就是領悟了不二法門。」

無盡意菩薩說道：「布施為因，迴向一切智為果，二者相互依憑對立。布施的本性就是迴向一切智的本性。像這樣，持戒、忍辱、精進、禪定、智慧，都與迴向一切智相互依憑對立。智慧本性就是迴向一切智本性。認識到它們的本性相同無二，這就是領悟了不二法門。」

深慧菩薩說道：「空、無相、無作，三者相互依憑對立。空就是無相，無相就是無作。如果領悟到空、無相、無作本無區別，就沒有心、意、識的分別產生。處在一個解脫法門中，就是處在三個解脫法門中，這就是領悟了不二法門。」

寂根菩薩說道：「佛、法、僧，三者相互依憑對立。佛就是法，法就是僧眾，這三寶本性都是無為，與虛空等同，世間一切也都如此。能夠依從這真諦，就是領悟了不二法門。」

心無礙菩薩說道：「身體存在與身體消滅，二者相互依憑對立。身體存在就是身體消滅。為什麼呢？認識到身體本性為空，就不會看到身體存在，也不會看到身體消滅。身體存在和身體消滅，二者等同，並無分別。在存在與消滅之間而不驚恐畏懼，這就是領悟了不二法門。」

上善菩薩說道：「身、口、意，三者相互依憑對立。這三業本性都是無作。身本性為無作，就是口本性為無作；口本性為無作，就是意本性為無作。這三業本性為無作，就是世間一切本性都為無作。能這樣依從無作智慧，就是領悟了不二法門。」

福田菩薩說道：「福行、罪行、不動行，三者相互依憑對立。三行的本性都是空。既然空，就沒有所謂福行、罪行、不動行的區分。對這三行平等觀照，不起分別偏見，就是領悟了不二法門。」

華嚴菩薩說道：「由於有『我』，所以有『你』，一切的二元對立都由此而起，你我二者相互依憑對立。如果認識到『自我』的本性為空，也就沒有二元的觀念。如果沒有二元的觀念，也就沒有對世間一切的區別認識。沒有區別認識，這就是領悟了不二法門。」

德藏菩薩說道：「世間的一切二元對立，都出於獲取之心。如果根本無獲得，也就沒有取得與捨棄。無取無捨，這就是領悟了不二法門。」

月上菩薩說道：「明智與暗昧，二者相互依憑對立。沒有明智、暗昧的區分，就沒有它們的二元對立。為什麼呢？譬如比丘進入滅盡定的境界之中，無明無暗，一切本性也都是如此。在其中平等觀照不加分別，這就是領悟了不二法門。」

寶印手菩薩說道：「樂於涅槃與不樂於生死世間，二者相互依憑對立。如果不樂於涅槃，也不厭棄世間，就沒有二元對立。為什麼呢？如果有生死束縛，就有解脫；如果根本沒有束縛，又向哪裡求解脫呢？沒有束縛也沒有解脫，就沒有喜樂與厭棄的分別。這就是領悟了不二法門。」

珠頂王菩薩說道：「正道與邪道，二者相互依憑對立。如果安住在正道之中，就不會有邪道產生，也就沒有正、邪的區分。脫離這二者的分別，就是領悟了不二法門。」

樂實菩薩說道：「真實與虛假，二者相互依憑對立。但世間真實之相乃空無之相，不能見之，更何況那虛假之相呢？為什麼呢？真實並非肉眼所能看見，只有智慧之眼才能看見，而此慧眼是一無所見而又無所不見的。這就是領悟了不二法門。」

如是，諸菩薩各各說已，問文殊師利：「何等是菩薩入不二法門？」

文殊師利曰：「如我意者❶，於一切法無言無說，無示無識，離諸問答，是為入不二法門。」

於是文殊師利問維摩詰：「我等各自說已。仁者當說，何等是菩薩入不二法門？」

時維摩詰默然無言。

文殊師利歎曰：「善哉，善哉！乃至無有文字語言，是真入不二法門❷。」

說是入不二法門品時，於此眾中五千菩薩，皆入不二法門，得無生法忍。

【注釋】❶如我意者　按照我的想法。❷是真入不二法門　文殊師利雖然領悟了「於一切法無言無說，無示無識，離諸問答」的真理，但他畢竟將這個道理加以宣說——因此也就落入了語言文字的分別；而維摩詰則直接以沉默無言印證了「無有文字語言，是真入不二法門」的道理，境界自然高出一籌了。

【語　譯】像這樣，諸位菩薩各自陳說自己的體會，然後向文殊師利問道：「怎麼叫做菩薩領悟了不二法門？」

文殊師利說道：「在我看來，對世間一切都不描述也不敘說，不顯示也不加識別，脫離了種種問答，這才是領悟了不二法門。」

於是文殊師利向維摩詰問道：「我們都各自陳說完畢了。仁者呵，請你宣說吧，怎麼才叫做菩薩領悟了不二法門？」

這時，維摩詰默然無言。

於是文殊師利讚歎道：「好啊，好啊！維摩詰甚至到了沒有語言文字的地步，這才是真正領悟了不二法門啊。」

在說這不二法門的時候，會眾中五千位菩薩，都領悟了不二法門，獲得無生法忍。

卷下

香積佛品第十

【題解】維摩詰指出在遙遠的上方世界有香積佛所在的眾香世界，那裏沒有聲聞、辟支佛之類小乘，而只有修行清淨菩薩乘者，並且那裏的一切都香氣縈繞，這顯現的是理想大乘世界種種殊勝。接著，維摩詰運用神力從那裏取來香積飯供給眾人，這讓眾人切實體會到佛教理想境界的崇高美好。隨後，維摩詰向來自眾香世界的諸菩薩稱揚了釋迦牟尼佛住此濁世以種種善法度脫受苦眾生的作為，從而再次肯定了大乘佛教的救世精神。

於是舍利弗心念：「日時❶欲至，此諸菩薩當於何食？」時維摩詰知其意而語言：「佛說八解脫，仁者受行，豈雜❷欲食而聞法乎？若欲食者，且待須臾，當令汝得未曾有食。」

時維摩詰即入三昧，以神通力，示諸大眾上方界分。過四十二恆河沙佛土，有國名眾香；佛號香積，今現在。其國香氣比於十方諸佛世界人天之香，最為第一。彼土無有聲聞、辟支佛名；唯有清淨大菩薩眾，佛為說法。其界一切皆以香作，樓閣、經行❸、香地、苑園皆香，其食香氣周流十方無量世界。時彼佛與諸菩薩方共坐食。有諸天子皆號香嚴，悉發阿耨多羅三藐三菩提心，供養彼佛及諸菩薩。此諸大眾莫不目見。

【注釋】❶日時　正午。原始佛教制度，僧眾一日一食，食不過午。❷雜　駁雜不純。這裏是指舍利弗在聞法時夾雜著欲求飲食的心意。❸經行　這裏指作經行的場所。

【語譯】於是舍利弗心中想道：「中午就要到了，這裏諸位菩薩應當到哪裡去用餐呢？」維摩詰隨即瞭解他的心意，說道：「佛說八解脫，仁者你已經信奉實行了，為什麼還心意不純，在聽法的時候卻想著進食呢？如果真的想要進食，請先等一會，我會讓你吃到從未嘗過的稀罕食物。」

於是維摩詰當即進入三昧禪定，運用神通力，向大眾展示上方世界。經過四十二恆河沙數的佛土，有一國度，名為眾香；佛名為香積，如今正在世上。比起其餘十方諸佛世界人天的香氣來，這個國家的香氣最為美妙。這國土上沒有聲聞、辟支佛等等名位；只有清淨修行菩薩乘的大眾，而香積佛為他們說法。整個香積世界都以妙香築成，樓閣、經行處、香地、苑園都散發出香氣，食物的香氣流溢周遍十方無量世界。這時，那香積佛正與眾位菩薩一同用餐。有眾多天子，都名為香嚴，他們全部發起求無上正等正覺之心，供養香積佛與眾位菩薩。這種種情景，完全呈現在維摩詰室中諸位大眾的眼前。

時維摩詰問眾菩薩：「諸仁者，誰能致彼佛飯？」以文殊師利威神力故，咸皆默然。維摩詰言：「仁❶！此大眾無乃可恥？」文殊師利曰：「如佛所言，勿輕未學❷。」於是維摩詰不起於座，居眾會前，化作菩薩，相好光明，威德殊勝，蔽於眾會，而告之曰：「汝往上方界分，度如四十二恆河沙佛土，有國名眾香，佛號香積，與諸菩薩方共坐食。汝往到彼，如我詞曰：『維摩詰稽首世尊足下，致敬無量，問訊起居，少病少惱，氣力安不❸？願得世尊所食之餘❹，當於娑婆世界❺施作佛事❻，令此樂小法者，得弘大道，亦使如來名聲普聞。』」

時化菩薩，即此會前昇於上方。舉眾皆見其去，到眾香界禮彼佛足，又聞其言：「維摩詰稽首世尊足下，致敬無量，問訊起居，少病少惱，氣力安不？願得世尊所食之餘，欲於娑婆世界施作佛事，使此樂小法者，得弘大道，亦使如來名聲普聞。」彼諸大士，見化菩薩，歎未曾有：「今此上人從何所來？娑婆世界為在何許？云何名為樂小法者？」即以問佛。佛告之曰：「下方度如四十二恆河沙佛土，有世界名娑婆，佛號釋迦牟尼，今現在。於五濁惡世[7]為樂小法眾生敷演道教[8]。彼有菩薩名維摩詰，住不可思議解脫，為諸菩薩說法，故遣化來稱揚我名，并讚此土，令彼菩薩增益功德。」彼菩薩言：「其人何如？乃作是化，德力無畏，神足若斯。」佛言：「甚大。一切十方，皆遣化往，施作佛事，饒益眾生。」

於是香積如來以眾香鉢盛滿香飯，與化菩薩。時彼九百萬菩薩，俱發聲言：「我欲詣娑婆世界供養釋迦牟尼佛，并欲見維摩詰等諸菩薩眾。」佛言：「可往。攝⑨汝身香，無令彼諸眾生起惑著心。又當捨汝本形，勿使彼國求菩薩者而自鄙恥。又汝於彼莫懷輕賤而作礙想。所以者何？十方國土，皆如虛空；又諸佛為欲化諸樂小法者，不盡現其清淨土耳。」

時化菩薩既受鉢飯，與彼九百萬菩薩俱，承⑩佛威神及維摩詰力，於彼世界忽然不現，須臾之間至維摩詰舍。

【注釋】❶仁　仁者，這裏是尊稱文殊師利。❷未學　還未開始修習佛法或者修行還不夠深厚的眾生。❸致敬無量四句　以上四句都是對香積如來的問候語。「致敬無量」即「致以最高的問候」。問訊，是僧人的問好方式，雙手合十問候對方。安不，即「安否」，是否平安。❹所食之餘　吃剩的食物。❺娑婆世界　意譯為「堪忍世界」。此世界中眾生忍心作惡，菩薩則忍受勞苦以救度眾生。❻佛事　凡對佛道有所助益的行為，都稱為佛事。❼五濁惡世　具劫濁、見濁、煩惱濁、眾生濁、命濁這五濁的眾生世界。❽道教　這裏是指「佛道的教化」，並非一般所說的道教。❾攝　收藏，不使散發。❿承　奉持；憑藉。

【語譯】這時維摩詰向眾位菩薩問道：「諸位仁者呵，誰能夠取到那位香積佛祖的飯食？」由於文殊師利威德神力的作用，所有大眾都默然不答。維摩詰說道：「仁者文殊師利呵，這樣的大眾不是太可恥了嗎？」文殊師利說道：「如佛所說過的一樣，請不要輕侮學道未深的大眾吧。」於是維摩詰安坐於床座之上，就在大眾面前變化出一位菩薩——化身菩薩的形相光明美好，威儀功德非同尋常，神光映蔽大眾——而對他說道：「你往上方世界，度過四十二恆河沙數的佛土，有一國家名為眾香；世界之佛名為香積，正與眾位菩薩一同端坐用餐。你到了那裡，這樣轉達我的致辭：『維摩詰向世尊稽首行禮，致以最高的敬意，向您問候起居如何，祝您少病少惱，氣力安康。希望能得到世尊剩餘的飯食，在娑婆世界裡布施舉辦佛事，讓那裏陷溺於欲樂小道的眾生也能夠弘揚大道，也使如來的聲名遍傳。』」

化身菩薩當即在大眾面前飛升上方虛空。所有大眾都目睹他飛到眾香世界，向香積如來稽首行禮，又聽到他說道：「維摩詰向世尊稽首行禮，致以最高的敬意，向您問候起居如何，祝您少病少惱，氣力安康。希望能得到世尊剩餘的飯食，在娑婆世界裡布施舉辦佛事，讓那裡陷溺於欲樂小道的眾生也能夠弘揚大道，也使如來的聲名遍傳。」在那世界的眾位大士，看見化身菩薩，都驚歎這是未曾有過的奇蹟：「到底這位上人從哪裡來？娑婆世界又在哪裡？怎麼叫做『陷溺於欲樂小道』？」隨即向香積如來請教。如來告訴他們：「在世界下方，度過四十二恆河沙數的佛土，有世界名為娑婆，世界之佛名為釋迦牟尼，如今正在世上，在五濁惡世中為樂於小道的眾生敷演佛法。那裡有位菩薩，名叫維摩詰，他安住在不可思議解脫法門之中為諸位菩薩說法，因此派遣化身來稱揚我的名號，並且讚美這佛土，來使那娑婆世界的諸位菩薩增長功德。」眾位菩薩問道：「維摩詰到底是個什麼樣的人呢？他能作這樣的變化；他的威德神力無所畏懼，神足禪定修行到了這樣的地步！」佛說：「這位菩薩的功德神力極大。一切十方世界他都派遣化身前往，布施舉辦佛事，造福眾生。」

於是香積如來用眾香缽盛滿香飯，遞給化身菩薩。這時九百萬菩薩都一同發言道：「我希望到娑婆世界去供養釋迦牟尼佛，並且會見維摩詰等諸位菩薩。」佛說：「去吧。收斂你們身上的香氣，不要令那世界的眾生在香氣中迷醉沉溺。還有，你們應當變化，收藏本來的形貌，不要令那國度裡追求菩薩道的眾生感到自卑。還有，你們不可輕視侮慢他們，心中有所蔽礙。為什麼呢？因為十方國土，都不過是如虛空一樣；並且，諸佛只是為了教化那些陷溺小道的眾生，才不完全顯現佛土的清淨罷了。」

化身菩薩接受了飯缽，便與那九百萬菩薩一同，乘著香積如來的威神和維摩詰的神力，忽然從眾香世界消失，瞬間就回到維摩詰的居室。

時維摩詰即化作九百萬師子之座，嚴好如前，諸菩薩皆坐其上。時化菩薩以滿鉢香飯與維摩詰，飯香普薰❶毗耶離城及三千大千世界。時毗耶離婆羅門、居士等聞是香氣，身意快然❷，歎未曾有。於是長者主❸月蓋，從八萬四千人來入維摩詰舍，見其室中菩薩甚多，諸師子座高廣嚴好，皆大歡喜，禮眾菩薩及大弟子，卻住一面❹。諸地神、虛空神❺，及欲色界諸天，聞此香氣，亦皆來入維摩詰舍。

時維摩詰語舍利弗等諸大聲聞：「仁者，可食。如來甘露味飯，大悲所薰，無以限意❻食之，使不消❼也。」有異聲聞念：「是飯少，而此大眾人人當食。」化菩薩曰：「勿以聲聞小德小智稱量如來無量福慧。四海有竭，此飯無盡。使一切人食，摶若須彌，乃至一劫，猶不能盡。所以者何？無盡戒、定、智慧、解脫、解脫知見功德具足者所食之餘，終不可盡。」於是鉢飯悉飽眾會，猶故不賜❽。其諸菩薩、聲聞、天人，食此飯者，身安快樂，譬如一切樂莊嚴國諸菩薩也。又諸毛孔皆出妙香，亦如眾香國土諸樹之香。

【注釋】❶薰　薰染；浸染。❷身意快然　身心都舒暢爽快。❸長者主　長者的領袖。鳩摩羅什說：「彼國無王，唯五百居士共治國政。今言『主』，眾所推也。」❹卻住一面　退在一旁。卻，退卻；退避。一面，一側。❺地神虛空神　六欲天中四王天和忉利天在須彌山上，稱為「地天」，夜摩天以上四天，超越須彌山而處在虛空之中，稱為「虛空天」。六欲天中的天神也依所處的天域不同而分為地神、虛空神。❻限意　有所局限的心意。❼消　消化；消受。❽不賜　不盡；不完。賜，通「儩」。儩淨之意。

【語譯】維摩詰當即變化出九百萬獅子寶座，莊嚴美好如同前面所出現過的一樣，讓諸位彼方菩薩都安坐其上。化身菩薩將滿缽的香飯呈給維摩詰，飯食的香氣薰染了整個毗耶離城和所有三千大千世界。毗耶離城中的諸婆羅門、居士等聞到這種香氣，身心暢快，都讚歎這是未曾有過的奇蹟。於是長者領袖月蓋，率領八萬四千人來到維摩詰的居室。他們看見室中菩薩眾多，獅子寶座高大莊嚴，都歡欣鼓舞，向菩薩和諸大弟子行禮，然後站在一旁。諸地神、虛空神，還有欲界色界諸天，聞到這樣的香氣，也都來到維摩詰的居室。

這時維摩詰對舍利弗等各大聲聞弟子說道：「仁者呵，請吃吧。這是香積如來所施捨的飯食，味如甘露，被大悲之香薰染。請不要懷著狹小有限的心意去食用，那樣會無法消受的。」有外道聲聞弟子心中想道：「這飯太少了，這裏大眾怎能人人都吃到？」化身菩薩說道：「不要用聲聞乘的微小功德智慧來揣測如來不可限量的福業智慧吧。四海或許尚有枯竭的時候，這飯卻是永遠吃不完的。縱使一切人都來吃這飯食，每個人所吃的飯糰都大如須彌山王，吃到一劫以後，也仍然是吃不完的。為什麼呢？這飯食是已經獲得無盡戒、定、智慧、解脫、解脫知見五分法身的，功德圓滿的香積如來吃剩下的，終歸是無法吃完的啊。」於是這一缽飯食讓所有人吃飽，尚且有剩餘。諸菩薩、聲聞弟子、天人，吃過這飯食以後，身體舒適，心中暢快，猶如一切樂莊嚴國的菩薩。而且全身毛孔都散發出妙香，也如同眾香國土上樹木的香氣一般。

爾時，維摩詰問眾香菩薩：「香積如來以何說法？」彼菩薩曰：「我土如來，無文字說，但以眾香令諸天人得入律行。菩薩各各坐香樹下，聞斯妙香，即獲一切德藏三昧❶。得是三昧者，菩薩所有功德皆悉具足。」

彼諸菩薩問維摩詰：「今世尊釋迦牟尼以何說法？」維摩詰言：「此土眾生，剛強難化，故佛為說剛強之語以調伏之。言是地獄，是畜生，是餓鬼，是諸難處，是愚人生處❷。是身邪行，是身邪行報；是口邪行，是口邪行報；是意邪行，是意邪行報❸。是殺生，是殺生報；是不與取，是不與取報；是邪淫，是邪淫報❹。是妄語，是妄語報；是兩舌，是兩舌報；是惡口，是惡口報；是無義語，是無義語報❺。是貪嫉，是貪嫉報；是瞋惱，是瞋惱報；是邪見，是邪見報❻。是慳吝，是慳吝報；是毀戒，是毀戒報；是瞋恚，是瞋恚報；是懈怠，是懈怠報；是亂意，是亂意報；是愚痴，是愚痴報❼。是結戒❽，是持戒，是犯戒；是應作，是不應作；是障礙，是不障礙；是得罪，是離罪；是淨，是垢；是有漏，是無漏；是邪道，是正道；是有為，是無為；是世間，是涅槃。以難化之人，心如猨猴，故以若干種法制御其心，乃可調伏。譬如象馬𢤱悷不調❾，加諸楚毒❿，乃至徹骨，然後調伏。如是剛強難化眾生，故以一切苦切之言乃可入律。」

【注釋】❶三昧　即「定」，指凝聚心神的禪定境界。❷言是地獄五句　以上列舉各種因造惡業而轉生的界域。諸難處，即八難處。愚人生處，指生為外道異學，愚痴不明。❸是身邪行六句　這六句總說身、口、意三業及報應，下面則分別列舉三業十惡。❹是殺生六句　殺生、不與取、邪淫是身業三惡。不與取，沒有得到別人的允許卻擅自取物，即偷盜。邪淫，與不是自己妻妾的女性發生不正當關係。❺是妄語八句　妄語、兩舌、惡口、無義語是口業四惡。妄語，或稱「虛誑語」，指謊言欺騙他人。兩舌，或稱「離間語」，指挑撥離間他人的關係。惡口，或稱「粗惡語」，指惡言辱罵他人。無義語，沒有意義沒有益處的話。按：玄奘《說無垢稱經》此處譯為「雜穢語」。雜穢語又稱綺語，指綺麗不淨、誘惑人心的話語。❻是貪嫉六句　貪嫉、瞋惱、邪見是意業三惡。貪嫉，即貪欲，貪求五境。❼是慳吝十二句　以上六項，是與布施、持戒、忍辱、精進、禪定、智慧「六度」一一相對的惡行。❽結戒　結成戒律。先結成戒律，然後有持戒和犯戒兩種情況。❾儱悷不調　脾性暴烈，難以馴服。❿楚毒　酷刑。楚，刑杖。

【語　譯】這時，維摩詰向眾香世界的諸位菩薩問道：「香積如來以什麼說法？」眾位菩薩答道：「我們世界的如來，不必以語言文字說法，只用各種美妙香氣來使諸天人調伏安穩、合乎戒律。菩薩們各自坐在香樹之下，聞到樹木飄散的香氣，便獲得一切蘊涵功德的三昧禪定。得到這樣的三昧禪定，就圓滿具備了菩薩的所有功德。」

眾香世界的諸位菩薩又向維摩詰問道：「在這個世上，世尊釋迦牟尼以什麼說法？」維摩詰答道：「這世界上的眾生，頑固強硬難以教化，因此佛為他們宣說各種剛強有力的法門來使他們調順安穩。佛說何謂地獄，何謂畜生，何謂餓鬼，何謂八難之道，何謂外道愚痴所生之處。說何謂身邪行，何謂身邪行的報應；何謂口邪行，何謂口邪行的報應；何謂意邪行，何謂意邪行的報應。說何謂殺生，何謂殺生的報應；何謂不與取，何謂不與取的報應；何謂邪淫，何謂邪淫的報應。說何謂妄語，何謂妄語的報應；何謂兩舌，何謂兩舌的報應；何謂惡口，何謂惡口的報應；何謂無義語，何謂無義語的報應。說何謂貪嫉，何謂貪嫉的報應；何謂瞋惱，何謂瞋惱的報應；何謂邪見，何謂邪見的報應。說何謂慳吝，何謂慳吝的報應；何謂毀戒，何謂毀戒的報應；何謂瞋恚，何謂瞋恚的報應；何謂懈怠，何謂懈怠的報應；何謂心意散亂，何謂心意散亂的報應；何謂愚痴，何謂愚痴的報應。說何謂結戒，何謂持戒，何謂犯戒；何謂應作，何謂不應作；何謂障礙，何謂非障礙；何謂得罪，何謂離罪；何謂清淨，何謂汙垢；何謂有煩惱，何謂無煩惱；何謂邪道，何謂正道；何謂有為，何謂無為；何謂世間，何謂涅槃。因為這世界中愚昧頑固難以教化的眾生，心思動蕩不馴如同猿猴，所以要施行若干種法門來約束限制他們的心意，然後才能夠加以調伏。譬如大象馬匹暴烈難馴，就要加以鞭打酷刑，使牠們痛楚徹骨，然後才會馴服。像這樣，眾生愚昧頑固難以教化，因此要用痛苦哀切的話語對他們說法，才能使他們持律修行。」

彼諸菩薩聞說是已，皆曰：「未曾有也！如世尊釋迦牟尼佛，隱其無量自在之力，乃以貧所樂法❶度脫眾生。斯諸菩薩，亦能勞謙❷，以無量大悲，生是佛土。」維摩詰言：「此土菩薩，於諸眾生大悲堅固，誠如所言。然其一世饒益眾生，多於彼國百千劫行。所以者何？此娑婆世界有十事善法，諸餘淨土之所無有。何等為十？以布施攝貧窮，以淨戒攝毀禁，以忍辱攝瞋恚，以精進攝懈怠，以禪定攝亂意，以智慧攝愚痴，說除難法度八難者，以大乘法度樂小乘者，以諸善根濟無德者，常以四攝成就眾生。是為十。」

彼菩薩曰：「菩薩成就幾法，於此世界行無瘡疣❸，生於淨土❹？」

維摩詰言：「菩薩成就八法，於此世界行無瘡疣，生於淨土。何等為八？饒益眾生而不望報；代一切眾生受諸苦惱，所作功德盡以施之；等心眾生，謙下無礙；於諸菩薩視之如佛；所未聞經聞之不疑，不與聲聞而相違背；不嫉❺彼供，不高❻己利，而於其中調伏其心；常省己過，不訟彼短❼；恆以一心求諸功德。是為八法。」

維摩詰、文殊師利於大眾中說是法時，百千天人皆發阿耨多羅三藐三菩提心，十千菩薩得無生法忍。

【注　釋】❶貧所樂法　貧民所樂於接受的教法。❷勞謙　勤勞謙遜。❸行無瘡疣　這裏是指行為完善，沒有缺陷。❹生於淨土　菩薩具備以下所說的各種德行，便可以在來世轉生到清淨國土。❺嫉　嫉妒。❻高　因為受到供奉而自高自大。❼常省己過二句　這二句是說：經常反省自己的過失，而不對別人的短處求全責備。省，反省；內省。訟，責備。

【語　譯】眾香世界諸位菩薩聽完維摩詰這番話，都歎道：「這真是未曾聽過的奇蹟啊！世尊釋迦牟尼佛，像這樣隱藏自己無量自在的神力，卻以貧苦困厄眾生所樂於接受的法門來度化他們。而這諸位菩薩生在這佛土之中，也能夠勤勞謙退，發起無量大悲之心，協助如來教化眾生。」維摩詰說道：「這佛土上的諸位菩薩，對眾生發起堅固深厚的大悲之心，這確實如各位所言。然而他們在一生之中對眾生的助益，比別國千百劫中善行的總和還要多。為什麼呢？這娑婆世界有十種行善的法門，是其他諸淨土所沒有的。是哪十種呢？以布施來助益貧窮困苦的眾生；以清淨持戒來助益毀犯戒律的眾生；以忍辱謙退來助益忿怒怨恨的眾生；以勤奮精進來助益懈怠懶惰的眾生；以禪定來助益心意煩亂的眾生；以智慧來助益愚昧痴迷的眾生；宣說消除苦難的法門來度化身受八難的眾生；以大乘佛法來度化沉溺小乘的眾生；以各種善根來救濟沒有德行的眾生；總是以四攝法來成就眾生的修行。這就是十種行善的法門。」

眾香世界諸位菩薩問道：「菩薩要成就幾種品行，才能在這世界中行為完美沒有缺陷，命終後往生淨土？」維摩詰答道：「菩薩要成就八種品行，才能在這世界中行為完美沒有缺陷，命終後往生淨土。是哪八種呢？助益眾生而不希望報答；代一切眾生承受種種苦惱，自己所作的功德完全布施給眾生；平等對待一切眾生，態度謙恭心無芥蒂；敬愛所有菩薩，視之如佛；對自己未曾聽聞過的經教深信不疑，卻並不與聲聞小乘相違背；不妒忌別人所受的供養，也不沾沾自喜於自己獲得的供養利益，而是在其中調伏自己的心意；經常反省自己的過失，而不責備別人的短處；總是專心一意修求功德。這就是菩薩應當成就的八種品行。」

當維摩詰和文殊師利在大眾中這樣說法的時候，成百上千的天人都發起求無上正等正覺之心，一萬菩薩獲得無生法忍。

菩薩行品第十一

【題解】本品結束以上六品與維摩詰居處室內的對答情境，維摩詰與眾菩薩、佛之弟子等回到佛的面前，由佛進而宣講何謂菩薩行。佛首先申述借助種種方便啟導眾生都是佛事，都是平等的功德，而在此充滿八萬四千煩惱的世間，佛即「以此（煩惱）而作佛事」。接著，釋迦牟尼為眾香世界諸菩薩解說何謂「盡無盡解脫法門」，簡而言之，即以勇猛精進的精神（「教化眾生，終不厭倦」，「護持正法，不惜軀命」）住於濁世而度化眾生（「修學空，不以空為證」，「觀於無生，而以生法荷負一切」），「不盡有為，不住無為」。

是時，佛說法於菴羅樹園，其地忽然廣博嚴事❶，一切眾會皆作金色。

阿難白佛言：「世尊，以何因緣，有此瑞應❷？是處忽然廣博嚴事，一切眾會皆作金色！」佛告阿難：「是維摩詰、文殊師利，與諸大眾恭敬圍繞，發意欲來，故先為此瑞應。」

【注　釋】❶廣博嚴事　變得開闊寬廣，修飾得莊嚴美妙。❷瑞應　吉祥的預兆。

【語　譯】這時佛祖正在菴羅樹園說法。忽然之間，園中變得廣袤開闊，處處修飾得莊嚴美妙，一切聽法大眾都呈現金色。

阿難對佛祖陳言道：「世尊，是什麼因緣產生了這樣的祥瑞？這園中忽然變得廣袤開闊，處處修飾得莊嚴美妙，一切聽法大眾都呈現金色！」佛啟示阿難道：「這是維摩詰和文殊師利，在眾多大眾的恭敬圍繞之中，準備前來此處，因此先有這樣的祥瑞出現。」

於是維摩詰語文殊師利：「可共見佛，與諸菩薩禮事供養。」文殊師利言：「善哉，行矣。今正是時。」維摩詰即以神力，持諸大眾并師子座置於右掌，往詣佛所。到已❶著地。稽首佛足，右繞七匝❷，一心合掌，在一面立。其諸菩薩，即皆避座❸，稽首佛足，亦繞七匝，於一面立。諸大弟子、釋、梵、四天王等，亦皆避座，稽首佛足，在一面立。

於是世尊如法❹慰問諸菩薩已，各令復坐，即皆受教。眾坐已定，佛語舍利弗：「汝見菩薩大士自在神力之所為乎？」「唯然，已見。」

「汝意云何？」「世尊，我覩其為不可思議，非意所圖，非度所測。」

【注釋】❶到已　到達。❷右繞七匝　向右繞佛走七圈。這和頭面禮足一起，是最高的禮節。玄奘譯《說無垢稱經》中所有向佛祖行禮的場景都有此句。❸避座　為了表示恭敬而離開座位。❹如法　照例；遵照禮儀。

【語譯】於是維摩詰對文殊師利說道：「讓我們一同晉見佛祖，與諸菩薩一同禮敬供養如來。」文殊師利說道：「好啊，走吧！現在正是時候。」維摩詰當即運用神力，將室中大眾和獅子寶座都托在右掌之中，前往佛所在的菴羅樹園。到達以後，再將他們放在地上。維摩詰向佛足稽首行禮，右行繞佛七圈，恭敬合掌，站在一旁。其他的諸位菩薩也都離開座位，向佛足稽首行禮，也繞佛七圈，站在一旁。諸大弟子、天帝釋、梵天、四天王等，也都離開座位，向佛足稽首行禮，站在一旁。

於是世尊照例慰問諸菩薩，然後讓他們回到各自的座位，眾人於是都領教入座。大眾各歸本座以後，佛祖對舍利弗說道：「你看見菩薩大士運用自在神力的所作所為了嗎？」舍利弗答道：「是的，我已經看見。」「那麼你覺得如何呢？」「世尊啊，我親眼目睹菩薩神通的不可思議，這不是我能夠意料的，也不是我能夠測度的。」

爾時，阿難白佛言：「世尊，今所聞香，自昔未有，是為何香？」

佛告阿難：「是彼菩薩毛孔之香。」於是舍利弗語阿難言：「我等毛孔，亦出是香。」阿難言：「此所從來？」曰：「是長者維摩詰從眾香國取佛餘飯。於舍食者，一切毛孔，皆香若此。」阿難問維摩詰：「是香氣住當久如？」維摩詰言：「至此飯消。」曰：「此飯久如當消？」曰：「此飯勢力，至於七日，然後乃消。又，阿難，若聲聞人未入正位❶食此飯者，得入正位，然後乃消；已入正位食此飯者，得心解脫，然後乃消。若未發大乘意食此飯者，至發意乃消；已發意食此飯者，得無生忍，然後乃消；已得無生忍食此飯者，至一生補處❷，然後乃消。譬如有藥，名曰上味，其有服者，身諸毒滅，然後乃消。此飯如是，滅除一切諸煩惱毒，然後乃消。」

【注釋】❶正位　這裏指修成阿羅漢果位，獲得聲聞小乘的終極果報。❷一生補處　即還有一生就能成佛。補處，在前一佛入滅以後，由菩薩繼承為下一佛，補足原來的佛位。

【語譯】這時，阿難向佛陳言道：「世尊，現在我所聞到的香氣，是從來未曾聞過的。這到底是什麼香氣呢？」佛告訴阿難道：「這是菩薩們毛孔中散發出的香氣。」於是舍利弗對阿難說道：「我們的毛孔也散發出同樣的香氣啊。」阿難問道：「這香氣從何而來？」舍利弗答道：「這是長者維摩詰從眾香國取來的佛祖剩飯。在維摩詰室中吃了這飯的人，全身毛孔都散發出這樣的香氣。」阿難向維摩詰問道：「這香氣會留存多久？」維摩詰答道：「會留存到這飯完全消化的時候。」問道：「這飯過多久才會完全消化呢？」答道：「這飯的力量，要過七天以後才會消化。另外，阿難呵，如果是未成阿羅漢果的聲聞弟子吃了這飯，就要到他得成阿羅漢果以後才會消化；已經獲得阿羅漢果的吃了這飯，就要到他心意清淨得到解脫以後才會消化；如果是還沒有發起修行大乘意願的吃了這飯，就要到他發起意願以後才會消化；已經發起修行大乘意願的吃了這飯，就要到他得到無生法忍以後才會消化；已經得到無生法忍的吃了這飯，就要到他還有一生便能成佛的時候才會消化。譬如有一種最好的藥，名叫『上味』，服食這種藥的人，要到身體各種病痛毒素都消滅以後，藥效才會消失。這飯也是一樣，要到滅盡一切煩惱之毒以後，才會消化。」

阿難白佛言：「未曾有也！世尊，如此香飯，能作佛事❶？」佛言：「如是，如是！阿難，或有佛土，以佛光明而作佛事；有以諸菩薩而作佛事；有以佛所化人而作佛事；有以菩提樹而作佛事；有以佛衣服臥具而作佛事；有以飯食而作佛事；有以園林臺觀而作佛事；有以三十二相八十隨形好而作佛事；有以佛身而作佛事；有以虛空而作佛事。眾生應以此緣，得入律行。有以夢幻、影響、鏡中像、水中月、熱時焰，如是等喻而作佛事；有以音聲、語言、文字而作佛事；或有清淨佛土，寂寞無言、無說、無示、無識、無作、無為而作佛事。如是！阿難，諸佛威儀進止，諸所施為，無非佛事。阿難！有此四魔八萬四千諸煩惱門，而諸眾生為之疲勞，諸佛即以此法而作佛事，是名入一切諸佛法門。菩薩入此門者，若見一切淨好佛土，不以為喜，不貪不高；若見一切不淨佛土，不以為憂，不礙不沒；但於諸佛生清淨心，歡喜恭敬，未曾有也。

「諸佛如來，功德平等，為教化眾生故，而現佛土不同。阿難！汝見諸佛國土，地有若干，而虛空無若干也；如是見諸佛色身有若干耳，其無礙慧無若干也。阿難，諸佛色身、威相、種姓、戒定智慧解脫解脫知見、力無所畏不共之法、大慈大悲、威儀所行、及其壽命、說法教化成就眾生、淨佛國土、具諸佛法，悉皆同等。是故名為『三藐三佛陀』❷，名為『多陀阿伽度』❸，名為『佛陀』。

「阿難！若我廣說此三句義，汝以劫壽❹，不能盡受。正使三千大千世界滿中眾生，皆如阿難多聞第一，得念總持，此諸人等以劫之壽，亦不能受。如是！阿難，諸佛阿耨多羅三藐三菩提無有限量，智慧辯才不可思議。」

【注釋】❶佛事　凡對佛道有所助益之事，都稱為佛事。❷三藐三佛陀　意譯為「正遍知」（知，即「智」）、「正遍覺」，是佛陀十號之一。僧肇注：「見法無差，謂之『正』；智無不周，謂之『遍』；決定法相，謂之『知』。」
❸多陀阿伽度　意譯即「如來」、「如去」，也是佛陀十號之一，意謂佛陀不論來去古今，都與真如法性相契合。
❹劫壽　長達一劫的壽命。

【語譯】阿難向佛陀言道：「這真是未曾有過的奇蹟啊！世尊，這樣的香飯，不是能夠用來舉辦佛事嗎？」佛祖說道：「正是這樣，正是這樣！阿難，有的佛土以佛之光明來舉辦佛事；有的以諸菩薩來舉辦佛事；有的以佛所度化的眾生來舉辦佛事；有的以菩提樹來舉辦佛事；有的以佛的衣服臥具來舉辦佛事；有的以飯食來舉辦佛事；有的以園林臺觀來舉辦佛事；有的以三十二佛相和八十種隨形相產生的美妙之處來舉辦佛事；有的以佛身來舉辦佛事；有的以虛空來舉辦佛事。眾生由此種種機緣而心意調伏，遵從戒律。有的以迷夢幻景、影子回響、鏡中的映像、水中的月輪、熱天的陽焰，如此等等譬喻來舉辦佛事；有的以聲音語言文字來舉辦佛事；還有的清淨佛土，寂寞無言無說，無所顯示，無所求索認識，無所作為，以此來舉辦佛事。正是如此，阿難！諸佛的進退威儀，所有言行作為，都是佛事。阿難！有這樣的四種魔怨和八萬四千種煩惱之門，而眾生在煩惱中勞苦厭倦，因此佛便以這種種煩惱來舉辦佛事，這就叫做入一切諸佛法門。進入這法門的菩薩，如果看見一切清淨美好的佛土，並不覺得歡喜，也不因此而貪戀自滿；如果看見一切不清淨佛土，並不覺得憂慮，也不因此而挂礙煩惱；只是對一切諸佛發起清淨之心，歡喜恭敬，讚歎這是未曾有過的奇蹟。

「諸佛如來的功德都是平等無異的，只是為了教化眾生的緣故，才顯現出佛土的不同形相而已。阿難！你看到的這諸佛國土，土地山川雖然有種種分別，而其虛空卻是無分別的啊；正像是這樣，你看見諸佛的色相身容雖然不同，但他們通達無礙的智慧卻是同樣的啊。阿難！諸佛的色身、威相、種姓、戒定智慧解脫解脫知見五分法身、十力、四無畏、十八不共之法、大慈大悲之心、施行威儀、無量壽命以及說法教化超度眾生、清淨佛土、所擁有的各種佛法，這所有一切都是同等的。因此這就叫做『三藐三佛陀』，叫做『多陀阿伽度』，叫做『佛陀』。

「阿難！如果我要詳盡廣泛地陳說這三者的涵義，即使你的壽命長達一劫，也還是聽受不盡的。即使三千大千世界中的所有眾生，都如同阿難一般，最為博聞多知，獲得正念總持無所遺忘，這所有眾生的壽命都長達一劫，也還是聽受不盡的。就像是這樣！阿難，諸佛的無上正等正覺是沒有限量的，他們的智慧以及雄辯都是不可思議的。」

阿難白佛言：「我從今已往，不敢自謂以為多聞。」佛告阿難：「勿起退意。所以者何？我說汝於聲聞中為最多聞，非謂菩薩。且止！阿難，其有智者，不應限度諸菩薩也。一切海淵尚可測量，菩薩禪定智慧，總持辯才，一切功德，不可量也。阿難！汝等捨置❶菩薩所行。是維摩詰一時所現神通之力，一切聲聞、辟支佛於百千劫盡力變化所不能作。」

【注釋】❶捨置　放下。這裏是不要再揣測思量的意思。

【語譯】阿難向佛陳言道：「從此以後，我不敢再自以為博聞多知了。」佛開導阿難道：「你不必產生畏縮後退的心意。為什麼呢？我說你最為博聞多知，是在聲聞弟子中，卻不是在菩薩中啊。且住！阿難，那有智慧的人是不會以有限之心去揣測量度諸菩薩的。一切大海深淵尚且可以測量，菩薩的禪定智慧、總持辯才，這種種功德，卻是不可測量的啊。阿難！你們聲聞弟子不要再思量諸菩薩的言行境界了吧。維摩詰菩薩在這一頓飯時光所顯現的神通力量，乃是一切聲聞弟子、一切辟支佛費千百劫時光，盡力變化也無法做到的啊。」

爾時，眾香世界菩薩來者，合掌白佛言：「世尊，我等初見此土，生下劣想，今自悔責，捨離是心。所以者何？諸佛方便不可思議，為度眾生故，隨其所應，現佛國異。唯然！世尊，願賜少法。還於彼土，當念如來。」

佛告諸菩薩：「有『盡無盡解脫法門』，汝等當學。何謂為『盡』？謂有為法；何謂『無盡』？謂無為法。如菩薩者，不盡有為，不住無為。

「何謂『不盡有為』？謂不離大慈，不捨大悲；深發一切智心，而不忽忘❶；教化眾生，終不厭倦；於四攝法，常念順行；護持正法，不惜軀命；種諸善根，無有疲厭；志常安住，方便迴向；求法不懈，說法無吝；勤供諸佛，故入生死而無所畏；於諸榮辱，心無憂喜；不輕未學，敬學❷如佛；墮煩惱者，令發正念；於遠離樂，不以為貴；不著己樂，慶於彼樂；在諸禪定，如地獄想；於生死中，如園觀想；見來求者，為善師想❸，捨諸所有，具一切智想；見毀戒人，起救護想；諸波羅蜜，為父母想；道品之法，為眷屬想；發行善根，無有齊限❹；以諸淨國嚴飾之事，成己佛土；行無限施，具足相好；除一切惡，淨身口意；生死無數劫，意而有勇；聞佛無量德，志而不倦；以智慧劍，破煩惱賊；出陰、界、入，荷負❺眾生，永使解脫；以大精進，摧伏魔軍；常求無念實相智慧❻；行少欲知足，而不捨世法❼；不壞威儀，而能隨俗；起神通慧，引導眾生；得念總持，所聞不忘；善別諸根，斷眾生疑；以樂說辯，演法無礙；淨十善道，受天人福；修四無量，開梵天道；勸請說法，隨喜❽讚善；得佛音聲；身口意善，得佛威儀；深修善法，所行轉勝；以大乘教，成菩薩僧❾；心無放逸，不失眾善。行如此法，是名菩薩不盡有為。

「何謂菩薩『不住無為』？謂修學空，不以空為證❿；修學無相、無作，不以無相、無作為證；修學無起，不以無起為證；觀於無常，而不厭善本；觀世間苦，而不惡生死；觀於無我，而誨人不倦；觀於寂滅，而不永寂滅；觀於遠離，而身心修善；觀無所歸，而歸趣善法；觀於無生，而以生法荷負一切；觀於無漏，而不斷諸漏；觀無所行，而以行法教化眾生；觀於空無，而不捨大悲；觀正法位，而不隨小乘；觀諸法虛妄、無牢、無人、無主、無相，本願未滿，而不虛福德禪定智慧⓫。修如此法，是名菩薩不住無為。

「又具福德故，不住無為；具智慧故，不盡有為。大慈悲故，不住無為；滿本願故，不盡有為。集法藥⓬故，不住無為；隨授藥故，不盡有為。知眾生病故，不住無為；滅眾生病故，不盡有為。諸正士菩薩，已修此法，不盡有為，不住無為，是名『盡無盡解脫法門』。汝等當學。」

【注釋】❶不忽忘　沒有片刻遺忘。忽，是極短的時間單位。❷學　和「未學」相對，指已經學習佛道，有一定造詣的修行者。❸見來求者二句　看見來向自己乞討的人，就將他視作自己的良師（因為乞食者會引發菩薩的布施之心，有助於修行）。❹齊限　一定的限度。❺荷負　承擔，將救度眾生作為自己的責任。❻無念實相智慧　已經沒有色相分別，通達宇宙本質的智慧。無念，指沒有色相分別的觀念。❼世法　世間有為法，這裏可以理解為俗世的生活。❽隨喜　看見別人行善而隨之發起喜悅之心。❾菩薩僧　修行菩薩乘的僧眾。❿以空為證　依據空的道理悟入涅槃的境界。以下句法同此。⓫本願未滿二句　這二句是說：福德、禪定、智慧，這些修行之道雖然和其他諸法一樣都是虛妄不實，本性為空，但是因為拯救眾生的大願還未完成，菩薩就並不因其虛假而放棄修行。⓬法藥　佛法治療眾生疾苦，故名法藥。

【語　譯】這時，從眾香世界而來的諸位菩薩，都雙手合十，向佛祖陳言道：「世尊，我們剛剛看見這佛土之時，認為這裏卑下劣弱，產生了輕視之心。現在我們都後悔自責，捨棄了原來的想法。為什麼呢？諸佛方便度人的神通不可思議，只是為了超度眾生的緣故，才隨眾生的情況不同而顯現出不同的佛國罷了。確實是如此啊！世尊，請您賜予我們些須佛法教導吧。當我們回歸眾香世界以後，將會因此而長久地追憶思念如來您。」

佛對諸位菩薩說道：「有如來法門名為『盡無盡解脫法門』，是你們所應當學習修行的。什麼叫『盡』？這是指有為法；什麼叫『無盡』？這是指無為法。菩薩不應當滅盡有為法，也不應當執著於無為法。

「怎麼叫做『不滅盡有為法』？這是說不脫離大慈之心，不捨棄大悲之心；深深發起成就一切智的心願，沒有片刻遺忘；教化眾生，始終不感到厭倦；對於四攝法，總是依法施行；護持正法，不吝惜身體性命；種植各種善根，而不感到疲勞厭煩；心意總是安穩平靜，隨意方便迴向佛道；追求佛法而不懈怠，演說佛法毫不吝惜；勤於供養諸佛，因此能夠在生死輪迴中無所畏懼；不因榮耀而歡喜，也不因侮辱而憂怒；不輕視未曾修道的人，尊敬學道者如同敬仰佛祖；對墮入煩惱中的人，教導他們發起正念；對於遠離生死之樂也並不以為可貴；不執著於自己的快樂，而是為了別人的快樂而快樂；視禪定之境如同地獄而不執著；視生死輪迴如同園林臺觀而不厭倦；

對來向自己乞求施捨的人，視為自己的良師益友，布施自己所有一切，發願追求一切智；看見毀犯戒律的人，就想到要救助扶持他；將諸波羅蜜視為父母；將三十七道品視為眷屬；發起修行善根，沒有終結之時；以諸清淨佛土上的美好修飾來成就自己的佛土；無限量地布施，從而獲得美好完滿的形相；除去一切惡業，從而使自己的身口意三業清淨；經歷無數劫的生死循環，心意始終勇猛無畏；諦聽佛的無量功德，志向始終堅定不移；以智慧之劍，擊破煩惱之賊；已經超出五陰、十八界、十二入的束縛，卻承擔起眾生重擔，使他們永遠解脫；勇猛精進，摧伏魔怨的大軍；總是追求沒有色相分別，通達宇宙本質的智慧；雖然修行清淨知足、無欲無求之法，卻不捨棄塵世的生活；不損害自身的威儀，而又能夠隨順世俗的作為；發起神通智慧來引導眾生；獲得正念總持，對所有聽到的佛法都能奉行不忘；善於分別眾生根性利鈍，消除眾生的疑惑；以樂說辯才來演說佛法，毫無困難；修行清淨十善之道，領受天人施與的福報；修行四無量心，開闢轉生於梵天的通道；勸請佛祖說法，歡喜讚歎，因此得到如來的美妙法音；完善修行身口意三業，具備佛祖的威儀；深入修行善法，行為因此而更加正確；以大乘教義來教化修菩薩乘的僧眾；心意平和而不放蕩，不忘失各種善行。像這樣修行佛法，就叫做菩薩不滅盡有為法。

「怎麼叫做菩薩『不執著於無為法』？這是說雖然學習修行性空法門，卻不以空法為修證的究竟；雖然學習修行無相、無作法門，卻不以無相、無作為修證的究竟；雖然學習修行無起法門，卻不以無起為修證的究竟；雖然觀照世間一切無常，卻修行善本毫不厭倦；雖然觀照世間一切皆苦，卻處在生死輪迴中而不厭惡；雖然觀照無我我所的真諦，卻循循不倦地教導他人；雖然觀照一切寂滅，卻不證入涅槃永遠寂滅；雖然觀照遠離塵世生死之樂，卻勤修身心善業；雖然觀照一切都沒有歸宿，卻歸依善法；雖然觀照一切都無生無滅，卻以擔負一切眾生為己任；雖然觀照到無煩惱的清淨之境，卻並不斷滅各種煩惱；雖然觀照到無行無為之境，卻仍然有所作為，教化眾生；雖然觀照到世界的空無本質，卻不捨棄對眾生的大悲之心；雖然觀照到以無為證果的法門，卻並不遵循小乘獨善其身；雖然觀照世界一切都是虛妄不實、沒有堅牢的實體、沒有客觀外界也沒有主觀自我、沒有真實表相，然而卻因為救度眾生的大願未臻圓滿，並不以福德、禪定、智慧為虛幻而放棄修行。像這樣修行，就叫做菩薩不執著於無為法。

「還有，因為具備福德，所以不執著於無為；因為通達智慧，所以不滅盡有為。因為大慈大悲，所以不執著於無為；因為要使大願圓滿，所以不滅盡有為。因為要採集佛法之良藥，所以不能執著於無為；因為要隨緣施藥，治療眾生疾苦，所以不能滅盡有為。因為要洞察眾生疾病，所以不能執著於無為；因為要除滅眾生疾病，所以不能滅盡有為。各位菩薩大士已經修行了這樣的正法，不滅盡有為，也不執著於無為，這就叫做『盡無盡解脫法門』。這是你們應當學習修行的。」

爾時，彼諸菩薩聞說是法，皆大歡喜，以眾妙華❶若干種色，若干種香，散徧三千大千世界，供養於佛及此經法并諸菩薩已，稽首佛足，歎未曾有，言：「釋迦牟尼佛，乃能於此善行方便！」言已忽然不現，還到彼國。

【注釋】❶眾妙華　各種美妙的鮮花。

【語譯】那時候，眾香世界的諸位菩薩聽到佛祖宣說這樣的正法，皆大歡喜，將種種各種色彩、各種香味的美妙鮮花灑遍三千大千世界，來供養佛祖和這經法，以及諸位菩薩，然後向佛足稽首行禮，讚歎這是未曾有過的奇蹟，並說：「釋迦牟尼佛祖呵，竟能這樣地方便行善！」說完忽然不見，回到他們自己的世界。

見阿閦佛品第十二

【題解】本品中佛揭明維摩詰原生於無動佛所在的妙喜國，他捨離那個清淨佛土來到這個充滿怨怒和禍害的世界；舍利弗因此驚訝讚歎不已，而維摩詰點明這是「為化眾生」、「滅眾生煩惱」的緣故。維摩詰運用神力斷取妙喜世界現於此世界中，使眾人得見妙喜世界的清淨潔白，知所嚮往。本品最後，佛宣示眾人應努力讀解、信持此經以求最後的覺悟。

爾時，世尊問維摩詰：「汝欲見如來，為以何等❶觀如來乎？」維摩詰言：「如自觀身實相，觀佛亦然。我觀如來，前際不來，後際不去，今則不住❷。不觀色，不觀色如，不觀色性❸；不觀受、想、行、識；不觀識如，不觀識性。非四大起，同於虛空，六入❹無積，眼耳鼻舌身心已過，不在三界，三垢❺已離。順三脫門，具足三明，與無明等❻。不一相，不異相❼；不自相，不他相；非無相，非取相。不此岸，不彼岸，不中流，而化眾生；觀於寂滅，亦不永滅；不此不彼，不以此，不以彼。不可以智知，不可以識識；無晦無明；無名無相；無強無弱；非淨非穢；不在方❽，不離方；非有為，非無為；無示無說；不施不慳；不戒不犯；不忍不恚；不進不怠；不定不亂；不智不愚；不誠不欺；不來不去；不出不入；一切言語道斷❾；非福田，非不福田；非應供養，非不應供養；非取非捨；非有相，非無相；同真際，等法性；不可稱，不可量，過諸稱量；非大非小；非見非聞；非覺非知；離眾結縛；等諸智，同眾生，於諸法無分別；一切無失，無濁無惱，無作無起，無生無滅，無畏無憂，無喜無厭無著；無已有，無當有，無今有；不可以一切言說分別顯示。世尊！如來身為若此，作如是觀。以斯觀者，名為正觀；若他觀者，名為邪觀。」

【注釋】❶以何等　用怎樣的態度。❷我觀如來四句　這四句是說：如來不是從過去而來，不是要向未來而去，也不是存在於現在。❸不觀色三句　色，色相。色如，諸色如實相。色性，色的清淨本性。凡人肉眼，看到虛妄色相，以為即是真實；聲聞緣覺二乘以慧眼觀照，看到色相如同實相；菩薩以佛眼觀照，看到色相本身即是清淨本性。這三種都是以一定的角度去觀照佛身，維摩詰在這裏則強調，不應當用分別妄見去看待如來。❹六入　這裏指內六入，即六根。❺三垢　即三毒。❻順三脫門三句　這三句是說：因為已經順隨了三解脫門，領悟了空無相無作的真理，所以雖然具有三明，本質上也就和無明是一樣的。❼不一相二句　一相，唯一的形相。因為佛陀方便化身以教化眾生，所以並非一相。異相，各種不同的形相。因為佛身即是法身，所以也沒有不同的形相。❽方　處所；空間之內。因為佛陀法身無所不在，所以說「不在方，不離方」。❾一切言語道斷　直譯為「一切用言語來形容的途徑都完全斷絕」，意即無法用言語表達，與下文的「不可以一切言說分別顯示」意思相同。

【語　譯】這時，世尊向維摩詰問道：「你要參見如來，你會怎樣看待如來呢？」維摩詰答道：「就像自己看待自身的本質，我看待佛祖也是這樣。在我看來，如來不是從過去而來，不是要向未來而去，也不是存在於現在。我看如來，不是看他的色身，不是看色之實相，不是看色的本性。也不這麼來看他的受、想、行、識，不看其認識作用的實相，不看其認識作用的本性。如來並非四大因緣所生，其本質即是虛空。內六入無所積聚，超出眼耳鼻舌身意六根所能感覺，不在欲、色、無色三界之中，已經脫離貪、嗔、痴三垢。隨順三解脫法門，完滿具備三明，三明即等同於無明。並不是只有唯一的形相，也不是有各種不同的形相；並不是有自我獨特的形相，也不是有與自我不同的其他形相；並不是沒有形相，也不是取得固定的形相。並不是滯留在生死此岸，也不是已抵達涅槃彼岸，又不是處在兩岸之間的中流，而是方便教化眾生；雖然觀照到寂滅之境卻不永遠入滅；非彼非此，不處在此，也不處在彼。不能夠以世間的智慧來理解，也不能夠以世間的知識來認識；並不是黑暗愚昧，也不是光明通達；沒有名號，也沒有形相；不是強大，也不是弱小；不是清淨，也不是汙穢；並不在特定的空間之中，也不是脫離空間；不是有為，也不是無為；不顯示形相，也不演說言辭；不是布施，也不是吝嗇；不是遵守戒律，也不是違犯戒律；不是忍辱，也不是恚怒；不是精進修行，也不是懶惰懈怠；不是禪定寂靜，也不是煩擾混亂；不是聰明，也不是愚昧；不是誠信，也不是欺詐；不來，也不去；不出，也不入；已經斷絕了一切言說表達的可能；不是福田，也並非不是福田；不是應當受到供養的，也不是不應當受到供養；不是取得，也不是捨棄；沒有形相，也不是沒有形相；與萬法的真實本質相同；不能稱度也不可測量，已經超越了稱量的限度；不是大，也不是小；不可看見，也不可聽聞；不可感覺，也不可認知；擺脫了種種煩惱的束縛；如來智慧等同於眾生智慧，如來也等同於眾生，並不以分別偏見看待世界萬法；對一切都是既不獲得也不失去，既非汙濁也不煩惱，無所造作無所生起，無所產生也無所消滅，沒有畏懼憂慮，也沒有歡喜、厭倦、執著之情；法身離三世而存在，沒有過去現在未來之分；不可以一切言說分別顯示。世尊！如來法身正是如此，應當作如此的觀照。以這樣的態度觀照如來法身，稱為正觀；如果以其他的態度來觀照，則稱為邪觀。」

爾時，舍利弗問維摩詰：「汝於何沒❶而來生此？」維摩詰言：「汝所得法，有沒、生乎？」舍利弗言：「無沒、生也。」「若諸法無沒、生相，云何問言『汝於何沒而來生此』？於意云何？譬如幻師，幻作男女，寧沒、生耶？」舍利弗言：「無沒、生也。」「汝豈不聞佛說諸法如幻相乎？」答曰：「如是。」「若一切法如幻相者，云何問言『汝於何沒而來生此』？舍利弗！沒者為虛誑法壞敗之相，生者為虛誑法相續之相。菩薩雖沒，不盡善本；雖生，不長諸惡。」

是時，佛告舍利弗：「有國名妙喜，佛號無動❷，是維摩詰於彼國沒，而來生此。」舍利弗言：「未曾有也！世尊，是人乃能捨清淨土，而來樂此多怒害處！」維摩詰語舍利弗：「於意云何？日光出時，與冥合❸乎？」答曰：「不也。日光出時，則無眾冥。」維摩詰言：「夫日何故，行閻浮提？」答曰：「欲以明照，為之除冥。」維摩詰言：「菩薩如是。雖生不淨佛土，為化眾生，不與愚闇而共合也，但滅眾生煩惱闇耳。」

【注　釋】❶沒　去世。❷無動　即本品題名中的「阿閦佛」。密教經典中有五佛五身的說法：中央大日如來、東方阿閦如來、南方寶生如來、西方阿彌陀如來（即俗稱的阿彌陀佛）、北方不空成就如來。❸與冥合　和黑暗混合，即同流合汙之意。

【語　譯】這時，舍利弗向維摩詰問道：「你從哪裡去世以後才轉生到這裡來的呢？」維摩詰說道：「你所領悟證解的世間萬法，它們有死亡和出生嗎？」舍利弗答道：「沒有死亡和出生。」「既然世間萬法都沒有死亡和出生，那為什麼還要問『你從哪裡去世以後才轉生到這裡』呢？你這是什麼意思呢？譬如魔術師變化出魔幻的男女人像，它們是有死亡和出生的嗎？」舍利弗答道：「沒有死亡和出生。」「你難道沒聽佛說過，世間一切都不過是虛幻假象嗎？」答道：「確實如此。」「如果世間一切都不過是虛幻假象，那為什麼還要問『你從哪裡去世以後才轉生到這裡』呢？舍利弗！死亡是虛妄不實之法敗壞所呈現的表相，出生是虛妄不實之法接續所呈現的表相，而菩薩，他即使死亡，善業的根本也不會消盡；他如果出生，也不會增長各種惡業。」

這時，佛祖教導舍利弗道：「有一國度，名為『妙喜』，佛祖號為『無動』。這位維摩詰菩薩從那個世界去世，而轉生到這裏。」舍利弗說道：「這真是未曾有過的事情啊！世尊，他竟然能夠捨棄那樣的清淨佛土，而樂於轉生到這個充滿怨怒毒害的地方！」維摩詰向舍利弗說道：「你這是什麼意思呢？當太陽升起的時候，它會與黑暗混為一體嗎？」答道：「不會。當太陽升起的時候，黑暗就消逝了。」維摩詰道：「那麼太陽為什麼要在閻浮提世界上運行呢？」答道：「因為要以日光的明照，來為世界除去黑暗。」維摩詰說道：「菩薩也就是這樣啊。他雖然生在不清淨的佛土之上，卻是為了教化眾生，他不是與愚昧同流合汙，而只是在除滅眾生的煩惱愚痴啊。」

是時，大眾渴仰，欲見妙喜世界無動如來，及其菩薩、聲聞之眾。佛知一切眾會所念，告維摩詰言：「善男子，為此眾會現妙喜國無動如來，及諸菩薩、聲聞之眾，眾皆欲見。」於是維摩詰心念：「吾當不起於座，接妙喜國鐵圍山川、溪谷江河、大海泉源、須彌諸山，及日月星宿、天龍鬼神、梵天等宮，并諸菩薩、聲聞之眾，城邑聚落、男女大小，乃至無動如來，及菩提樹、諸妙蓮華，能於十方作佛事者。三道寶階，從閻浮提至忉利天。以此寶階諸天來下，悉為禮敬無動如來，聽受經法；閻浮提人亦登其階，上昇忉利，見彼諸天、妙喜世界。成就如是無量功德。上至阿迦尼吒天❶，下至水際，以右手斷取如陶家輪，入此世界，猶持華鬘❷示一切眾。」作是念已，入於三昧，現神通力，以其右手斷取妙喜世界，置於此土。

彼得神通菩薩，及聲聞眾，并餘天人，俱發聲言：「唯然！世尊！誰取我去？願見救護！」無動佛言：「非我所為，是維摩詰神力所作。」

其餘未得神通者，不覺不知己之所往。妙喜世界雖入此土而不增減，於是世界亦不迫隘，如本無異。

爾時，釋迦牟尼佛告諸大眾：「汝等且觀妙喜世界、無動如來！其國嚴飾，菩薩行淨，弟子清白。」皆曰：「唯然！已見。」佛言：「若菩薩欲得如是清淨佛土，當學無動如來所行之道。」現此妙喜國時，娑婆世界十四那由他❸人發阿耨多羅三藐三菩提心，皆願生於妙喜佛土。釋迦牟尼佛即記之曰：「當生彼國。」

時妙喜世界，於此國土所應饒益，其事訖已，還復本處。舉眾皆見。

【注釋】❶阿迦尼吒天　意譯為「色究竟天」，是色界十八天（四禪天各由數天組成，共有十八天）的最上層。❷華鬘　花環之類。❸那由他　印度的數量單位，或說是十萬，或說是百萬，或說是千萬。

【語譯】這時，大眾都衷心仰慕，希望見到妙喜世界的無動如來，以及那裏的菩薩、聲聞大眾。佛祖隨即瞭解一切大眾心中所想，便對維摩詰道：「善男子呵，為這裏的大眾展現妙喜國度的無動如來，以及菩薩、聲聞大眾吧，眾人都希望看見。」於是維摩詰心道：「我應當安坐在座位之中，接引妙喜國中的鐵圍山川、溪谷江河、大海泉源、須彌諸山，以及日月星宿、天龍鬼神、帝釋梵天等等宮殿，還有諸菩薩、聲聞大眾，城邑聚落、男女大小，乃至無動如來，以及菩提樹、各種美妙蓮花，凡這一切能在十方世界舉辦佛事的都引來。連綴三道寶階，從閻浮提世界直到忉利天。諸天神都從這寶階下來，向無動如來恭敬行禮，聽受佛法；閻浮提眾生也登上寶階，上升至忉利天，會見諸天和妙喜世界。我應當成就這樣的無量功德。上至阿迦尼吒天，下到水邊，用右手斷取妙喜世界猶如製陶的轉輪，再拿到這世界之中，就猶如手持花環一樣傳示大眾。」維摩詰想罷，當即進入三昧禪定，顯現神通威力，用右手斷取妙喜世界，放置到這個世界上來。

那妙喜世界中已得神通的眾位菩薩，以及聲聞弟子，還有其餘的天人，都開口問道：「啊啊！世尊！是誰搬走我們？請求您的救護！」無動如來答道：「這並不是我做的，乃是維摩詰運用神力所為。」而其餘未得神通的眾生，根本無法察覺自己已被搬移。妙喜世界雖然進入這個世界，卻並無增減，這個世界也並不因此感到局促，就像原來一般無異。

這時，釋迦牟尼佛教導大眾說道：「你們且看這妙喜世界，還有無動如來！這國度修飾莊嚴，菩薩言行清淨，弟子清白無垢。」大眾都說道：「確實如此！我們都已看見。」佛祖說道：「如果菩薩想要獲得這樣的清淨佛土，就要學習無動如來所施行的佛道。」在妙喜世界顯現之時，娑婆世界上有十四那由他之多的人發起求無上正等正覺之心，都發願轉生到妙喜佛土。釋迦牟尼佛當即給予授記，說：「你們將會轉生在那個國度。」

這時妙喜世界，對這個國土應當有所助益的事情都已經完畢，便回到了原來的位置，所有大眾都親眼目睹。

佛告舍利弗：「汝見此妙喜世界及無動佛不？」「唯然，已見。世尊！願使一切眾生，得清淨土如無動佛，獲神通力如維摩詰。世尊！我等快❶得善利，得見是人，親近供養。其諸眾生，若今現在，若佛滅後，聞此經者亦得善利；況復聞已，信解受持，讀誦解說，如法修行？若有手得是經典者，便為已得法寶之藏；若有讀誦解釋其義，如說修行，則為諸佛之所護念；其有供養如是人者，當知則為供養於佛；其有書持此經卷者，當知其室即有如來；若聞是經能隨喜者，斯人則為趣一切智；若能信解此經，乃至一四句偈❷為他說者，當知此人即是受阿耨多羅三藐三菩提記。」

【注釋】❶快　愉快；慶幸。❷四句偈　即偈，四句一組，故稱四句偈。

【語譯】佛向舍利弗問道：「你看見這妙喜世界和無動佛了嗎？」「是的，我已經看見。世尊！希望一切眾生，都像無動佛一樣獲得清淨佛土，像維摩詰一樣獲得神通威力。世尊！我們都慶幸獲得了如此廣大的利益，能夠參見這樣的人物，得以親近供養他們。那些芸芸眾生，無論是活在當世，還是生在佛祖入滅之後，只要聽到這經典的，都會獲得廣大的利益；何況是在聽到以後，能夠信受解悟經義，誦讀解說經文，並且依照經法修行的人？只要是手上拿到這經典的人，便已經獲得了佛法的寶藏；如果能夠誦讀經文，解釋經義，並且依照經法修行，這樣的人更會得到諸佛的庇護關懷；如果有供養這些人的，應當知道這就是供養了佛祖；如果有抄寫持誦這經卷的，應當知道在他的室中就有如來；如果聽到這經典而能夠隨之心生喜悅的，這人就接近了一切智；如果能夠信奉領悟這經典，甚至於為他人講解其中的一節四句偈頌，應當知道這人就已經領受了獲得無上正等正覺的授記了。」

法供養品第十三

【題解】本品中釋迦牟尼向天帝釋講說信持佛法經典的重要和佳勝之處，是所有各種供養中至高的供養，勉勵信眾信受奉行佛法經典。這屬於佛經最後常見的所謂流通分的部分。

爾時，釋提桓因❶於大眾中白佛言：「世尊，我雖從佛及文殊師利聞百千經，未曾聞此不可思議、自在神通、決定實相❷經典。如我解佛所說義趣，若有眾生聞此經法，信解受持讀誦之者，必得是法不疑，何況如說修行？斯人則為閉眾惡趣，開諸善門，常為諸佛之所護念，降伏外學，摧滅魔怨，修治菩提，安處道場，履踐❸如來所行之跡❹。世尊！若有受持讀誦、如說修行者，我當與諸眷屬供養給事；所在聚落城邑、山林曠野，有是經處，我亦與諸眷屬聽受法故，共到其所。其未信者，當令生信；其已信者，當為作護。」

佛言：「善哉，善哉！天帝，如汝所說，吾助爾喜❺。此經廣說過去、未來、現在諸佛不可思議阿耨多羅三藐三菩提，是故，天帝，若善男子、善女人，受持讀誦供養是經者，則為供養去、來、今佛。天帝，正使三千大千世界如來滿中❻，譬如甘蔗、竹葦、稻麻、叢林，若有善男子、善女人，或以一劫，或減一劫❼，恭敬尊重，讚歎供養，奉諸所安；至諸佛滅後，以一一全身舍利起七寶塔，縱廣一四天下，高至梵天，表剎❽莊嚴，以一切華香瓔珞幢幡❾伎樂微妙第一，若一劫，若減一劫，而供養之。於天帝意云何？其人植福，寧為多不？」

釋提桓因言：「多矣。世尊，彼之福德，若以百千億劫說不能盡。」

佛告天帝：「當知是善男子、善女人，聞是不可思議解脫經典，信解受持，讀誦修行，福多於彼。所以者何？諸佛菩提皆從此生。菩提之相不可限量，以是因緣福不可量。」

【注　釋】❶釋提桓因　即帝釋。帝釋名為釋迦提桓因陀羅，簡稱釋提桓因。❷決定實相　闡釋宇宙本質準確透徹。❸履踐　跟隨。❹跡　腳印，引申為走過的道路。❺吾助爾喜　我來幫助你完成善行。❻滿中　充滿三千大千世界之中。❼或滅一劫　玄奘《說無垢稱經》作「或一劫餘」。❽表剎　表，高出。剎，是「剎多羅」的簡稱，指幢幡之類。表剎即塔上高聳的幢幡。❾幢幡　都是旌旗的形制。竿柱高聳，縛有各色絲帛的叫幢；頂上縛長帛下垂的叫幡。

【語　譯】這時，天帝釋提桓因便從大眾當中發言，向佛祖說道：「世尊，我雖然已從佛祖您和文殊師利菩薩口中聽過無數經典，卻未曾聽說過如此不可思議，擁有自在神通，暢達世界本質的經典，按照我對佛所說法的理解，如果有聽到這經法，並且信奉領悟，受持誦讀的眾生，尚且必定得到這佛法真諦，何況是依照經義修行的眾生呢？這樣的眾生就是關閉了眾惡之門，開啟了諸善之門，總是得到諸佛的庇護關懷，他們使外道心悅誠服，摧毀魔怨，修行菩提覺悟之道，安處在道場之中，依隨如來所走過的道路。世尊！如果有受持誦讀經文，依照經義修行的眾生，我將和所有眷屬一同供給奉養他；而所有的村落城鎮、山林曠野，只要是奉持這經典的地方，我也將和眷屬為了聽受佛法而去到那裏。那些還不相信這經典的人，我要令他們相信；那些已經相信這經典的人，我將庇護他們。」

佛祖說道：「好啊，好啊！天帝，如果像你所說的那樣，我會助益你的善行。這經典廣泛地宣說過去、現在、未來諸佛不可思議的無上正等正覺，因此，天帝呵，如果有受持誦讀供養這經典的善男子、善女人，他們就是供養了過去、未來、現在一切諸佛。天帝呵，倘若在三千大千世界當中充滿如來，有如甘蔗、竹葦、稻麻、叢林一般，如果有善男子、善女人，或者以一劫，或者超過一劫的時光，恭敬尊重、讚歎供養，以供奉種種使諸佛安樂的物事，在諸佛滅度以後，為了供奉一切諸佛全身舍利而築起七寶塔，寶塔之廣大等於一個四天下，高聳直達梵天，表剎華美莊嚴，並且用一切最為美妙華麗的瓔珞幢幡伎樂來裝飾，這樣，或者以一劫，或者超過一劫的時光，來供養諸佛舍利。天帝釋呵，你覺得怎麼樣呢？這人所種植的福田，算得上很多了吧？」

天帝釋提桓因答道：「已經很多了啊。世尊，這人的福德，即使用千百億劫的時光來陳說也不能說盡。」

於是佛教導天帝道：「你應當知道，如果這些善男子、善女人，聽到這不可思議解脫經典，並且信受領悟、誦讀修行，那麼他們所積的福業比那還要多啊。為什麼呢？因為諸佛覺悟都從這經典中產生。菩提覺悟的功德無量，因此福業也就不可限量。」

佛告天帝：「過去無量阿僧祇劫時，世有佛號曰藥王如來、應供、正偏知、明行足、善逝、世間解、無上士、調御丈夫、天人師、佛世尊❶，世界名大莊嚴，劫名莊嚴，佛壽二十小劫，其聲聞僧三十六億那由他，菩薩僧有十二億。天帝，是時有轉輪聖王名曰寶蓋，七寶❷具足，主四天下。王有千子，端正勇健，能伏怨敵。爾時，寶蓋與其眷屬供養藥王如來，施諸所安❸，至滿五劫。過五劫已，告其千子：『汝等亦當如我，以深心供養於佛。』於是千子受父王命，供養藥王如來，復滿五劫，一切施安。其王一子名曰月蓋，獨坐思惟❹：『寧有供養殊過此者？』以佛神力，空中有天曰：『善男子，法之供養，勝諸供養。』即問：『何謂法之供養？』天曰：『汝可往問藥王如來，當廣為汝說法之供養。』

「即時月蓋王子行詣藥王如來，稽首佛足，卻住一面，白佛言：『世尊，諸供養中，法供養勝。云何名為法之供養？』佛言：『善男子，法供養者，諸佛所說深經。一切世間難信難受，微妙難見，清淨無染，非但分別思惟之所能得。菩薩法藏所攝，陀羅尼印❺印之至不退轉，成就六度，善分別義❻，順菩提法，眾經之上❼，入大慈悲，離眾魔事及諸邪見。順因緣法，無我無人，無眾生無壽命，空、無相、無作、無起。能令眾生坐於道場而轉法輪。諸天、龍神、乾闥婆等，所共歎譽。能令眾生入佛法藏，攝諸賢聖一切智慧。說眾菩薩所行之道，依於諸法實相之義，明宣無常、苦、空、無我、寂滅之法。能救一切毀禁眾生；諸魔外道及貪著者，能使怖畏。諸佛賢聖所共稱歎。背生死苦，示涅槃樂。十方三世諸佛所說。若聞如是等經，信解受持讀誦，以方便力為諸眾生分別解說顯示分明，守護法故，是名法之供養。

「又於諸法如說修行，隨順十二因緣，離諸邪見，得無生忍，決定無我無有眾生，而於因緣果報無違無諍，離諸我所。依於義，不依語❽；依於智，不依識❾；依了義經❿，不依不了義經⓫；依於法，不依人。隨順法相，無所入，無所歸。無明畢竟滅，故諸行亦畢竟滅，乃至生畢竟滅，故老死亦畢竟滅。作如是觀，十二因緣無有盡相，不復起相。是名最上法之供養。』」

【注釋】❶如來……佛世尊　這是佛的十號。其涵義如下釋：如來，從真如理中來成正覺。應供，應受眾生供養。正遍知，智慧正確周遍，通達法性。明行足，三明之行具足。善逝，行八正道而入涅槃。世間解，能悟解世間出世間一切事理。無上士，佛的地位至高無上。調御丈夫，佛以柔軟語、苦切語、剛強語調伏眾生。天人師，佛是天人導師。佛世尊，覺悟聖者，在世間出世間最為尊貴。❷七寶　指輪寶、珠寶、象寶、馬寶、庫藏寶、主兵寶、玉女寶。但經論也有不同說法，要之泛指各種珍寶。❸施諸所安　布施各種最為安樂美好的財物器具。❹思惟　即「思維」。思考。❺陀羅尼印　即實相印，以實相之印印定諸法。陀羅尼，即「總持」。❻善分別義　善於分析義理。❼眾經之上　在各種經典中最為深刻。❽依於義二句　這二句是說：要領悟根本的義理，而不要拘泥盲從傳授者的話。義，佛教根本的義理。語，傳授經典者的話。❾識　六識。智慧能洞察法性，六識感官只能認識到六塵（世界表象）。❿了義經　說理分明透徹的經典。或說即大乘經典。⓫不了義經　說理隱晦詭曲的經典。或說即小乘經典。

【語　譯】佛祖告訴天帝釋：「在過去無量阿僧祇劫之前，世上有位佛祖，號稱藥王如來、應供、正遍知、明行足、善逝、世間解、無上士、調御丈夫、天人師、佛世尊，他的世界名為大莊嚴，當時的劫名為莊嚴，佛的壽命為二十小劫，聲聞僧眾多達三十六億那由他，菩薩僧多達十二億。天帝呵，那時有位轉輪聖王名叫寶蓋，完備地擁有七寶，統率四天下。寶蓋聖王有千位王子，都面容端正，體格勇健，能降服仇敵。當時，寶蓋聖王與他的眷屬供養藥王如來，布施所有舒適美好的用具器物，整整滿了五劫。過了五劫以後，聖王告訴他的千位王子道：『你們也應當像我一樣，以深厚虔誠的心意來供養佛祖。』於是千位王子都接受了父王的旨意，供養藥王如來，這樣又過了五劫，布施一切舒適美好的用具器物。聖王有一個兒子名叫月蓋，有一次獨自靜坐，心中想道：『難道還有比這還要豐厚的供養嗎？』因了佛祖的神力，空中有天神發聲說道：『善男子呵，以法作供養，勝於其他任何財物的供養。』月蓋於是問道：『怎麼叫做以法作供養呢？』天神說道：『你可以去請教藥王如來，他會為你詳盡陳說什麼叫做以法作供養。』

「月蓋王子當即去參見藥王如來。他向佛足稽首行禮，站在一旁，向佛陳言道：『世尊，在各種供養之中，以法來作供養是最好的。怎麼才叫做以法作供養呢？』佛祖說道：『善男子呵，所謂以法作供養，就是指諸佛所說的精深的佛經啊。一切世間眾生，對此難以相信難以接受，微妙高明難以認識，這是清淨無染的經典，並非有分別相的俗世思維所能把握。它屬於大乘菩薩法藏之中，為真如佛印所印可，到了永不退轉的地步。經中宣示出成就六度的奧義，精妙地辨析辭句中的義理，順暢於菩提覺悟之法。這精深的佛經在眾經中位居第一，能引導眾生進入大慈大悲之境，脫離眾魔惡事和各種偏執邪見。這經典闡揚十二因緣法，辯證無我、無人、無眾生、無壽命、空、無相、無作、無起的真諦。這經典能使眾生坐在道場之中，也能運轉法輪，諸天龍八部等鬼神都對之讚歎稱頌。這經典能令眾生進入佛法寶藏，獲得諸聖賢的一切智慧。這經典闡述眾菩薩所遵行的正道，通達世間一切本質，宣揚無常、苦、空、無我、寂滅的真諦。這經典能夠拯救一切違犯戒律的眾生；能夠令各種魔怨、外道以及貪戀執著的眾生震驚畏懼。諸佛聖賢都對之讚歎稱頌。這經典能除去生死之苦，而展示涅槃之樂。這是十方三世諸佛所宣說的最高經典。如果有眾生聽到這樣的經典，信受解悟誦讀，並且能隨緣方便來為眾生解說分明，那麼由於他守護佛法的緣故，就叫做以法來作供養。

「另外，如果他能夠依照經法修行，隨順十二因緣，脫離各種邪見，獲得無生法忍，領悟到無我無眾生的真諦，不違背因緣果報之理，擺脫對自我和外界的區分，如果他能夠依從經中真義而不拘執於文辭，依從通達世界本質的智慧而不拘執於對表象的認識，依從涵義明瞭的經典而不拘執於涵義幽深難解的經典，依從確定無疑的經法而不拘執於說出經法的個人究竟為誰，如果他能夠隨順世界的本相，理解萬物都是隨緣生滅，並無一定的來處與歸宿，如果他能夠領悟到十二因緣中，「無明」最終歸於寂滅，因而諸「行」也最終歸於寂滅，直至「生」最終歸於寂滅，因此「老死」也最終歸於寂滅。能夠如此觀照到十二因緣循環無盡，由此捨棄種種邪見，這就叫做至高無上的以法來作供養。』」

佛告天帝：「王子月蓋，從藥王佛聞如是法，得柔順忍❶，即解寶衣嚴身之具以供養佛，白佛言：『世尊！如來滅後，我當行法供養，守護正法。願以威神加哀❷建立，令我得降伏魔怨，修菩薩行。』佛知其深心所念，而記之曰：『汝於末後❸，守護法城。』天帝，時王子月蓋見法清淨，聞佛授記，以信出家，修習善法。精進不久，得五神通，逮菩薩道，得陀羅尼❹無斷辯才。於佛滅後，以其所得神通、總持、辯才之力，滿十小劫，藥王如來所轉法輪隨而分布。月蓋比丘，以守護法勤行精進，即於此身，化百萬億人，於阿耨多羅三藐三菩提立不退轉；十四那由他人，深發聲聞辟支佛心；無量眾生，得生天上。

「天帝！時王寶蓋，豈異人乎？今現得佛，號寶焰如來。其王千子，即賢劫❺中千佛是也。從迦羅鳩孫馱❻為始得佛，最後如來號曰樓至❼。月蓋比丘，則我身是❽。如是，天帝，當知此要。以法供養，於諸供養為上，為最第一無比。是故天帝，當以法之供養供養於佛。」

【注　釋】❶柔順忍　指慧心柔軟，能隨順真理的法忍。為音響、柔順、無生三忍之一。❷加哀　加以哀憐，給予幫助。❸末後　即如來滅後。❹陀羅尼　這裏指聞陀羅尼，聞持佛法而不忘失。❺賢劫　過去、現在、未來之劫分別名為莊嚴劫、賢劫、星宿劫。賢劫即當今所處之劫，劫中有千佛出世。❻迦羅鳩孫馱　或譯「拘留孫佛」，意譯為「所應斷」，意為斷絕一切應斷的煩惱。這是賢劫千佛中的第一佛。❼樓至　或譯「盧至」，意譯為「愛樂佛」、「啼哭佛」。這是賢劫千佛中最後的一佛。❽月蓋比丘則我身是　釋迦牟尼佛為賢劫中第四佛。

【語　譯】釋迦牟尼佛祖繼續對天帝說道：「王子月蓋從藥王如來口中聽到了這樣的佛法，隨即獲得了柔順法忍，便解下身上的寶衣飾物來供養佛祖，然後向佛祖陳言道：『世尊！在如來入滅之後，我會以法來作供養，守護正法，只望佛祖憐憫，以您的威神扶助，讓我能夠降伏魔怨，修行菩薩正道。』佛祖當即瞭解他心中深處的想法，便對他授記道：『你將在如來入滅之後，守護佛法之城。』」天帝呵，這時王子月蓋目睹佛法清淨，耳聞佛祖授記，於是以虔誠信佛之心出家，修習善法。精進修行不久，便獲得五神通，達到菩薩正道，獲得陀羅尼無斷辯才。在佛滅之後整整十小劫的時光，以他所獲得的神通、總持、辯才等等法力，宏揚正法，使藥王如來所轉的法輪隨處分布。月蓋比丘為了守護正法而精進修行，於是以一身而度化百萬億人，令他們獲得無上正等正覺，永不退轉；度化十四那由他那麼多的人，令他們發起修行聲聞、辟支、佛乘的深厚道心；度化無數眾生，令他們能夠轉生天上。

「天帝呵！那時的聖王寶蓋，難道是別人嗎？他正是如今的寶焰如來啊。寶蓋聖王的千位王子，正是賢劫中的千位佛祖啊。從迦羅鳩孫馱最早證得佛果，到最後的一位如來名為樓至。而月蓋比丘，正是我自己啊！正像是這樣，天帝呵，你應當明白這法要。以法來作供養，在各種供養當中最為上等，乃是至高無上的。因此，天帝呵，你應當以法之供養來供養諸佛。」

囑累品第十四

【題解】本品屬於本經的流通分。釋迦牟尼將護持、流布此經的重任交給了彌勒菩薩等；並向彌勒等提示了信受佛經的正確態度：避免偏好經典文飾而不能深探奧義，避免以輕略傲慢的態度對待深奧教義和其他的修習者。最後，釋迦牟尼為本經命名。

於是佛告彌勒菩薩言：「彌勒！我今以是無量億阿僧祇劫所集阿耨多羅三藐三菩提法，付囑❶於汝。如是輩經，於佛滅後，末世之中，汝等當以神力，廣宣流布於閻浮提，無令斷絕。所以者何？未來世中，當有善男子、善女人，及天、龍、鬼、神、乾闥婆、羅剎等，發阿耨多羅三藐三菩提心，樂於大法。若使不聞如是等經，則失善利。如此輩人聞是等經，必多信樂，發希有心❷。當以頂受，隨諸眾生所應得利，而為廣說。

「彌勒，當知菩薩有二相。何謂為二？一者，好於雜句文飾之事❸；二者，不畏深義，如實能入❹。若好雜句文飾事者，當知是為新學菩薩；若於如是無染無著甚深經典，無有恐畏，能入其中，聞已心淨，受持讀誦，如說修行，當知是為久修道行。

「彌勒，復有二法，名新學者不能決定於甚深法。何等為二？一者，所未聞深經，聞之驚怖生疑，不能隨順，毀謗不信，而作是言：『我初不聞，從何所來？』二者，若有護持解說如是深經者，不肯親近供養恭敬，或時於中說其過惡。有此二法，當知是新學菩薩，為自毀傷，不能於深法中調伏其心。

「彌勒，復有二法，菩薩雖信解深法，猶自毀傷，而不能得無生法忍。何等為二？一者，輕慢❺新學菩薩而不教誨；二者，雖信解深法，而取相分別。是為二法。」

【注　釋】❶付囑　託付；囑託。❷希有心　難得的求道心願。❸雜句文飾之事　指各種文章體裁和雕飾華麗的辭藻。❹如實能入　能悟入真如實相。❺輕慢　輕視怠慢。

【語　譯】於是佛祖對彌勒菩薩說道：「彌勒！如今我將無數世代中所積累的無上正等正覺的正法託付給你。在佛入滅以後佛法衰微的時代，你們應當以神通力闡揚這樣的經典，使它在閻浮提世界廣泛流布，不至於斷絕無聞。為什麼呢？在未來的世界裏，將會有善男子、善女人，以及天、龍、鬼、神、乾闥婆、羅剎等等，發起求無上正等正覺之心，樂於信奉廣大佛法。如果他們不能聽到這樣的經典，就失去了重大的利益。如果這些人聽到了這樣的經典，必定更加虔誠信佛，樂於佛法，發起稀有難得的求道心願。你應當頂禮受持，就眾生各自所應當獲得的利益而為他們廣泛說法。

「彌勒呵，你應當知道，菩薩有兩種情況。是哪兩種呢？第一，喜愛以華麗繁雜的文辭作修飾；第二，不畏避佛法深奧的涵義，直探本質。如果是喜歡華麗文辭修飾的菩薩，你應當知道這是新學道不久的菩薩；如果對這樣清淨無染的深奧經典毫不畏避，能直接領悟其內核，在聽法以後獲得心意清淨，受持誦讀，依照經法修行，應當知道這就是已經長久修道的菩薩。

「彌勒呵，又有兩種情況，表明新學菩薩還不能領會深奧的佛法。是哪兩種呢？第一，聽到自己未曾聽說過的深奧經典，心中驚恐疑惑，不能隨順佛法，反而毀謗說道：『我從來不曾聽到過這樣的說法，這是從哪裡來的？』第二，對那些護持解說這樣深奧經典的人，不肯親近供養，恭敬受法，甚至在聽法時對他侮辱毀謗。如果出現這兩種情況，你應當知道，新學菩薩會因此而毀傷自己，不能在深奧佛法中調伏自己的心意。

「彌勒呵，又有兩種情況，表明菩薩雖然已經信奉領悟深奧的佛法，卻仍然毀傷自己的修行，因而不能獲得無生法忍。是哪兩種呢？第一，心意傲慢，輕視新學菩薩，不肯對其進行教誨；第二，雖然已經信奉領悟深奧佛法，而仍然執著世間諸相的分別。就是這兩種情況。」

彌勒菩薩聞說是已，白佛言：「世尊！未曾有也。如佛所說，我當遠離如斯之惡。奉持如來無數阿僧祇劫所集阿耨多羅三藐三菩提法。若未來世，善男子、善女人求大乘者，當令手得如是等經，與其念力❶，使受持讀誦，為他人廣說。世尊！若後末世，有能受持讀誦，為他說者，當知是彌勒神力之所建立。」

佛言：「善哉，善哉！彌勒，如汝所說，佛助爾喜。」

於是一切菩薩合掌白佛：「我等亦於如來滅後，十方國土，廣宣流布阿耨多羅三藐三菩提，復當開導諸說法者，令得是經。」爾時，四天王白佛言：「世尊，在在處處、城邑聚落、山林曠野，有是經卷讀誦解說者，我當率諸官屬，為聽法故，往詣其所，擁護其人；面百由旬❷，令無伺求得其便者。」

【注釋】❶念力 指專心一志破除障礙的精神力量，為五力之一（五力為信力、精進力、念力、定力、慧力）。

❷面百由旬 以誦經者為中心，四面各一百由旬的範圍。

【語譯】彌勒菩薩聆聽教導完畢，向佛陳言道：「世尊！這真是未曾有過的說法啊。正像佛祖所說的，我應當遠離這樣的惡行，奉持如來在無數世代中所積累的無上正等正覺的正法。如果在未來世界，有追求大乘佛道的善男子、善女人，我會讓他們手中獲得這樣的經典，賦予他們意念之力，令他們得以受持誦讀，為他人廣泛地說法。世尊！如果在佛滅後的衰微末世，有能受持誦讀這經典，並且為他人說法的眾生，應當知道這就是彌勒神力所庇佑的。」

佛祖說道：「好啊，好啊！彌勒，如果像你所說的那樣，讓我來扶助你的善行。」

於是一切菩薩都雙掌合十，向佛陳言道：「我們也在如來入滅以後，在十方國土，廣泛闡揚流布這無上正等正覺的正法，並且開導那些說法者，讓他們得到這樣的經典。」這時，四大天王也向佛陳言道：「世尊，無論在任何地方、城鎮村落、山林曠野，只要有誦讀解說這經典的眾生，我都會率領部屬，為了聽法的緣故而去到那裏，護持扶助於他；在四方一百由旬之內，都不許有人對他伺機阻撓加害。」

是時，佛告阿難：「受持是經，廣宣流布。」阿難言：「唯！我已受持要者❶。世尊，當何名斯經？」佛言：「阿難，是經名為『維摩詰所說』，亦名『不可思議解脫法門』。如是受持。」

佛說是經已，長者維摩詰、文殊師利、舍利弗、阿難等，及諸天、阿修羅、一切大眾，聞佛所說，皆大歡喜，作禮而去。

【注釋】❶要者　精要奧秘。

【語譯】這時，佛囑咐阿難：「你接受護持這經典吧，使它廣泛地闡揚流布。」阿難答道：「是！我已經受持了經典的秘要。世尊，這經典應當叫什麼名字？」佛祖道：「阿難，這經典名為『維摩詰所說經』，又叫『不可思議解脫法門經』。你就這樣地領受護持它吧。」

佛祖說經完畢，長者維摩詰、文殊師利、舍利弗、阿難等等，及諸天人、阿修羅等，還有一切大眾，聆聽了佛祖的教誨，皆大歡喜，向佛祖行禮，然後離開。

新譯人物志　吳家駒注譯
新譯張載文選　張金泉注譯
新譯近思錄　張京華注譯
新譯傳習錄　李生龍注譯
新譯呻吟語摘　鄧子勉注譯
新譯明夷待訪錄　李廣柏注譯

【文學類】

新譯詩經讀本　滕志賢注譯
新譯楚辭讀本　林家驪注譯
新譯楚辭讀本　傅錫壬注譯
新譯文心雕龍　羅立乾注譯
新譯六朝文絜　蔣遠橋注譯
新譯世說新語　劉正浩等注譯
新譯昭明文選　周啟成等注譯
新譯古文觀止　謝冰瑩等注譯
新譯古文辭類纂　黃　鈞等注譯
新譯樂府詩選　溫洪隆注譯
新譯古詩源　馮保善注譯
新譯千家詩　邱燮友等注譯
新譯詩品讀本　成　林等注譯
新譯花間集　朱恒夫注譯
新譯南唐詞　劉慶雲注譯

新譯絕妙好詞　聶安福注譯
新譯唐詩三百首　邱燮友注譯
新譯宋詩三百首　陶文鵬注譯
新譯宋詞三百首　汪　中注譯
新譯宋詞三百首　劉慶雲注譯
新譯元曲三百首　賴橋本等注譯
新譯明詩三百首　趙伯陶注譯
新譯清詩三百首　王英志注譯
新譯清詞三百首　陳水雲等注譯
新譯唐人絕句選　卞孝萱等注譯
新譯唐才子傳　戴揚本注譯
新譯拾遺記　石　磊注譯
新譯搜神記　黃　鈞注譯
新譯唐傳奇選　束　忱等注譯
新譯宋傳奇小說選　束　忱注譯
新譯明傳奇小說選　陳美林等注譯
新譯容齋隨筆選　朱永嘉等注譯
新譯明散文選　周明初注譯
新譯明清小品文選　鄭　婷注譯
新譯人間詞話　馬自毅注譯
新譯白香詞譜　劉慶雲注譯
新譯幽夢影　馮保善注譯
新譯菜根譚　吳家駒注譯

新譯小窗幽記　馬美信注譯
新譯圍爐夜話　馬美信注譯
新譯郁離子　吳家駒注譯
新譯歷代寓言選　黃瑞雲注譯
新譯賈長沙集　林家驪注譯
新譯揚子雲集　葉幼明注譯
新譯曹子建集　曹海東注譯
新譯建安七子詩文集　韓格平注譯
新譯阮籍詩文集　林家驪注譯
新譯嵇中散集　崔富章注譯
新譯陸機詩文集　王德華注譯
新譯陶淵明集　溫洪隆注譯
新譯江淹集　羅立乾等注譯
新譯庾信詩文選　歸　青注譯
新譯初唐四傑詩集　李福標注譯
新譯駱賓王文集　黃清泉注譯
新譯王維詩文集　陳鐵民注譯
新譯孟浩然詩集　楊　軍注譯
新譯李白詩全集　郁賢皓注譯
新譯李白文集　郁賢皓注譯
新譯杜甫詩選　張忠綱等注譯
新譯杜詩菁華　林繼中注譯
新譯高適岑參詩選　孫欽善等注譯

新譯昌黎先生文集　周啟成等注譯
新譯劉禹錫詩文選　閻琦注譯
新譯柳宗元文選　卞孝萱等注譯
新譯白居易詩文選　陶敏等注譯
新譯元稹詩文選　郭自虎注譯
新譯李賀詩集　彭國忠注譯
新譯杜牧詩文集　張松輝注譯
新譯李商隱詩選　朱恒夫等注譯
新譯范文正公選集　王興華等注譯
新譯蘇洵文選　羅立剛注譯
新譯蘇軾文選　滕志賢注譯
新譯蘇軾詞選　鄧子勉注譯
新譯蘇轍文選　朱剛注譯
新譯曾鞏文選　高克勤注譯
新譯王安石文選　沈松勤注譯
新譯唐宋八大家文選　鄧子勉注譯
新譯柳永詞集　侯孝瓊注譯
新譯李清照集　姜漢椿等注譯
新譯陸游詩文集　韓立平注譯
新譯辛棄疾詞選　聶安福注譯
新譯歸有光文選　鄔國平注譯
新譯唐順之詩文選　馬美信注譯
新譯徐渭詩文選　周群等注譯

新譯薑齋文集　平慧善注譯
新譯顧亭林文集　劉九洲注譯
新譯納蘭性德詞　馮乾注譯
新譯方苞文選　鄔國平等注譯
新譯鄭板橋集　朱崇才注譯
新譯袁枚詩文選　王英志注譯
新譯李慈銘詩文選　潘靜如注譯
新譯聊齋誌異選　任篤行等注譯
新譯閱微草堂筆記　嚴文儒注譯
新譯浮生六記　馬美信注譯
新譯弘一大師詩詞全編　徐正綸編著

歷史類

新譯史記　韓兆琦注譯
新譯漢書　吳榮曾等注譯
新譯後漢書　魏連科等注譯
新譯三國志　吳樹平等注譯
新譯資治通鑑　張大可等注譯
新譯史記—名篇精選　韓兆琦注譯
新譯尚書讀本　吳璵注譯
新譯尚書讀本　郭建勳注譯
新譯周禮讀本　賀友齡注譯
新譯逸周書　牛鴻恩注譯

新譯左傳讀本　郁賢皓等注譯
新譯公羊傳　雪克注譯
新譯穀梁傳　顧寶田注譯
新譯春秋穀梁傳　周何注譯
新譯戰國策　溫洪隆注譯
新譯國語讀本　易中天注譯
新譯說苑讀本　左松超注譯
新譯說苑讀本　羅少卿注譯
新譯新序讀本　葉幼明注譯
新譯吳越春秋　黃仁生注譯
新譯西京雜記　曹海東注譯
新譯列女傳　黃清泉注譯
新譯越絕書　劉建國注譯
新譯燕丹子　曹海東注譯
新譯東萊博議　李振興等注譯
新譯唐六典　朱永嘉等注譯
新譯唐摭言　姜漢椿注譯

宗教類

新譯金剛經　徐興無注譯
新譯高僧傳　朱恒夫等注譯
新譯碧巖集　吳平注譯
新譯百喻經　顧寶田注譯

新譯楞嚴經　賴永海等注譯
新譯梵網經　王建光注譯
新譯圓覺經　商海鋒注譯
新譯法句經　劉學軍注譯
新譯六祖壇經　李中華注譯
新譯禪林寶訓　李中華注譯
新譯維摩詰經　陳引馳等注譯
新譯經律異相　顏洽茂注譯
新譯阿彌陀經　蘇樹華注譯
新譯無量壽經　邱高興注譯
新譯無量壽經　蘇樹華注譯
新譯妙法蓮華經　張松輝注譯
新譯景德傳燈錄　顧宏義注譯
新譯大乘起信論　韓廷傑注譯
新譯釋禪波羅蜜　蘇樹華注譯
新譯八識規矩頌　倪梁康注譯
新譯永嘉大師證道歌　蔣九愚注譯
新譯華嚴經入法界品　楊維中注譯
新譯地藏菩薩本願經　李承貴注譯
新譯悟真篇　劉國樑等注譯
新譯无能子　張松輝注譯
新譯坐忘論　張松輝注譯
新譯列仙傳　張金嶺注譯

新譯抱朴子　李中華注譯
新譯神仙傳　周啟成注譯
新譯性命圭旨　傅鳳英注譯
新譯老子想爾注　顧寶田等注譯
新譯周易參同契　劉國樑注譯
新譯道門觀心經　王　卡注譯
新譯養性延命錄　曾召南注譯
新譯樂育堂語錄　戈國龍注譯
新譯冲虛至德真經　張松輝注譯
新譯長春真人西遊記　顧寶田等注譯
新譯黃庭經・陰符經　劉連朋等注譯

軍事類

新譯司馬法　王雲路注譯
新譯尉繚子　張金泉注譯
新譯三略讀本　傅　傑注譯
新譯六韜讀本　鄔錫非注譯
新譯吳子讀本　王雲路注譯
新譯孫子讀本　吳仁傑注譯
新譯李衛公問對　鄔錫非注譯

教育類

新譯爾雅讀本　陳建初等注譯
新譯顏氏家訓　李振興等注譯
新譯聰訓齋語　馮保善注譯
新譯曾文正公家書　湯孝純注譯
新譯三字經　黃沛榮注譯
新譯百家姓　馬自毅等注譯
新譯幼學瓊林　馬自毅注譯
新譯增廣賢文・千字文　馬自毅注譯
新譯格言聯璧　馬自毅注譯

政事類

新譯商君書　貝遠辰注譯
新譯鹽鐵論　盧烈紅注譯
新譯貞觀政要　許道勳注譯

地志類

新譯山海經　楊錫彭注譯
新譯水經注　陳橋驛等注譯
新譯佛國記　楊維中注譯
新譯大唐西域記　陳　飛等注譯
新譯洛陽伽藍記　劉九洲注譯
新譯徐霞客遊記　黃　珅注譯
新譯東京夢華錄　嚴文儒注譯